W0203263

Christian Immler
Markus Spiering

Das Flickr-Buch

Mit 103 Abbildungen

FRANZIS

Bibliografische Information der Deutschen Bibliothek
Die Deutsche Bibliothek verzeichnet diese Publikation in der Deutschen Nationalbibliografie; detaillierte Daten sind im Internet über **http://dnb.ddb.de** abrufbar.

Wichtiger Hinweis

Alle Angaben in diesem Buch wurden vom Autor mit größter Sorgfalt erarbeitet bzw. zusammengestellt und unter Einschaltung wirksamer Kontrollmaßnahmen reproduziert. Trotzdem sind Fehler nicht ganz auszuschließen. Der Verlag und der Autor sehen sich deshalb gezwungen, darauf hinzuweisen, dass sie weder eine Garantie noch die juristische Verantwortung oder irgendeine Haftung für Folgen, die auf fehlerhafte Angaben zurückgehen, übernehmen können. Für die Mitteilung etwaiger Fehler sind Verlag und Autor jederzeit dankbar.
Internetadressen oder Versionsnummern stellen den bei Redaktionsschluss verfügbaren Informationsstand dar. Verlag und Autor übernehmen keinerlei Verantwortung oder Haftung für Veränderungen, die sich aus nicht von ihnen zu vertretenden Umständen ergeben.
Evtl. beigefügte oder zum Download angebotene Dateien und Informationen dienen ausschließlich der nicht gewerblichen Nutzung. Eine gewerbliche Nutzung ist nur mit Zustimmung des Lizenzinhabers möglich.

Disclaimer
"Dieses Buch behandelt die Internetseite Flickr (www.flickr.com), ist aber kein offizielles Buch von Flickr und wurde von Flickr nicht unterstützt oder zertifiziert. Die in diesem Buch beschriebenen Technologien, deren Beschränkungen und Auflagen und die Rechte, welche die Benutzung dieser Technologien einschränken, ändern sich fortführend. Die in diesem Buch enthaltenen Kommentare oder Meinungen entsprechen denen der Autoren und geben nicht unbedingt die Ansichten von Flickr oder dessen Geschäftsführung wieder."

© 2009 Franzis Verlag GmbH, 85586 Poing

Alle Rechte vorbehalten, auch die der fotomechanischen Wiedergabe und der Speicherung in elektronischen Medien. Das Erstellen und Verbreiten von Kopien auf Papier, auf Datenträgern oder im Internet, insbesondere als PDF, ist nur mit ausdrücklicher Genehmigung des Verlags gestattet und wird widrigenfalls strafrechtlich verfolgt.

Die meisten Produktbezeichnungen von Hard- und Software sowie Firmennamen und Firmenlogos, die in diesem Werk genannt werden, sind in der Regel gleichzeitig auch eingetragene Warenzeichen und sollten als solche betrachtet werden. Der Verlag folgt bei den Produktbezeichnungen im Wesentlichen den Schreibweisen der Hersteller.

Herausgeber: Ulrich Dorn
Satz & Layout: DTP-Satz A. Kugge, München
art & design: www.ideehoch2.de
Druck: Himmer AG, Augsburg
Printed in Germany

ISBN 978-3-7723-**7368-8**

Christian Immler / Markus Spiering

Das Flickr-Buch

Vorwort

Herzlich willkommen in der Welt von Flickr – Dreh- und Angelpunkt für Millionen begeisterter Fotofans. Flickr ist erste Wahl, wenn es darum geht, Fotos und Videos im Web zu veröffentlichen und mit Freunden, Verwandten oder der ganzen Welt zu teilen. Bereits im November 2008 wurde das 3-milliardste Bild auf Flickr hochgeladen – Videos noch nicht mit eingerechnet.

Sicher ist Flickr nicht das einzige im Internet existierende Angebot, das es ermöglicht, Fotos und Videos zu veröffentlichen und zu verwalten. Doch aufgrund seines frischen, modernen Designs, und nicht zuletzt geprägt durch den Community-Gedanken, zieht Flickr viele Fotobegeisterte an, die besonderen Wert auf die Qualität ihrer Werke legen. Sie werden staunen, was Flickr an interessanten und künstlerisch wertvollen Inhalten zu bieten hat.

Zudem ist es nicht ausgeschlossen, dass Sie in der Flickr-Community neue Freunde finden werden. Fotos unterschiedlichster Couleur werden hochgeladen, in öffentlichen und privaten Gruppen ausgetauscht, diskutiert und kommentiert. Und denken Sie nicht, dass Ihre Fotoleidenschaft so speziell ist, dass es niemand gibt, den Ihre Bilder eventuell interessieren würden. Flickr bietet einen riesigen Pool an organisierten Gruppen, in denen Sie einfach und unkompliziert mit Ihren Fotos oder Videos mitwirken können.

Viel Spaß beim Lesen und Ausprobieren wünschen Ihnen

Markus Spiering und Christian Immler
San Francisco, April 2009

Inhaltsverzeichnis

Freunde, Familie und der Rest der Welt 69

Erfolg in der Community mit Gruppen und Blogs 86

Mehr mit Fotos machen 102

Flickr – was ist das eigentlich?

Der Begriff Flickr kommt aus dem Englischen und kann zweierlei Bedeutungen haben: zum einen „to flick through something", was so viel bedeutet wie „durch etwas blättern". Flickr ist in diesem Fall so etwas wie „der Durchblätterer". Zum anderen gibt es im Englischen auch noch das Wort „to flicker", was sich mit „flimmern" übersetzen lässt. Beide Deutungen sind durchaus sinnvoll, denn Flickr ist ein Angebot im Internet, in dem Sie Ihre eigenen Fotos und Bilder oder auch die von anderen Nutzern durchblättern können und seit einiger Zeit auch kurze Videofilme über den Bildschirm flimmern.

Flickr ist – nicht nur aufgrund seines Namens – eine der ersten und erfolgreichsten Web-2.0-Seiten. Wir erinnern uns: Web 1.0 beinhaltete alle Internetseiten, die uns Informationen zum Konsumieren gegeben haben. Wir sind ins Internet gegangen, haben Nachrichten gelesen und Informationen erhalten, aber als Benutzer wenig bis gar nichts beigesteuert. Mit Web 2.0 kamen dann die Mitmachangebote mit den komischen Webadressen: „Flickr" zum Hochladen von Fotos, „Dopplr" zum Austausch von Reisedaten, „Del.icio.us" für die Verwaltung von Lesezeichen im Internet, „Last.fm" für Musikfreunde und viele mehr.

Das Besondere an Flickr ist aber nicht nur die Möglichkeit, seine eigenen Bilder und Videos ins Netz zu stellen, sondern eine ganze Reihe von Funktionen: Diese Bilder können bearbeitet und gesucht werden, Sie können sie nur mit Freunden oder der Familie teilen, und Sie können trotzdem den Zugriff auf eine weltweite Gemeinschaft von Fotoliebhabern finden. Machen Sie sich nichts vor: Sind Ihre Fotos gut und stellen Sie diese Fotos in einige öffentliche Gruppen, haben Sie mit Sicherheit in kürzester Zeit neue virtuelle Fotofreunde.

Fotos und Videos auf Flickr

Bei Flickr wächst vorbildlich und beispielhaft alles zusammen, was Sie jemals unter den Begriffen Digitalfotografie, digitale Fotoalben und Web 2.0 gehört haben. Flickr ist ein Angebot im Internet, dessen Inhalte nicht durch eine Redaktion oder eine Firma aufgebaut werden, sondern durch die Benutzer. Flickr lebt von der Vielfalt und vom Ideenreichtum seiner Benutzer und natürlich von deren Fotos und Videos.

Im April 2008 vollzog Flickr einen weiteren logischen Schritt in der Evolution: Neben Fotos

Ihr erstes Flickr-Bild in weniger als fünf Minuten!

Jetzt haben Sie das Buch gekauft und können es kaum erwarten, mit Flickr so richtig loszulegen? Verständlich. Obwohl alle folgenden Schritte im Buch noch genau beschrieben werden, haben wir hier für Sie schon einmal eine Kurzanleitung zusammengestellt, die Ihnen beschreibt, wie Sie Ihr erstes Bild auf Flickr hochladen.

1. Starten Sie in Ihrem Internetbrowser *flickr.com* und klicken Sie dort auf *Erstellen Sie Ihren Account*.

2. Flickr gehört zum Internetriesen Yahoo!, und somit können Sie sich, falls Sie bereits eine Yahoo!-ID haben, über diese bei Flickr anmelden. Geben Sie sie samt Ihrem Passwort ein und klicken Sie auf *Anmelden*. Sollten Sie noch keine Yahoo!-ID besitzen, klicken Sie auf *Registrieren* und geben Sie auf der Folgeseite Ihre Daten an. Nachdem Sie alles eingegeben haben, wählen Sie *Account erstellen* und klicken unterhalb des Textes *Fit für Flickr?* auf *Weiter*.

3. Sobald Sie sich angemeldet haben, wählen Sie in Flickr einen Benutzernamen aus. Verwenden Sie irgendein Kürzel wie Ihren Rufnamen oder bestätigen Sie einfach den Vorschlag mit *Neuen Account erstellen*.

4. Gleich ist es so weit: Sie sehen jetzt die Flickr-Startseite und können am rechten oberen Bildschirmrand auf *Fotos und Videos hochladen* klicken.

5. Auf der Folgeseite klicken Sie auf *Fotos und Videos auswählen*, um anschließend das Foto, das Sie veröffentlichen möchten, im Dateiauswahlfenster auszuwählen. Danach legen Sie fest, wer die Bilder sehen kann. Belassen Sie die Einstellungen bei *Öffentlich* oder setzen Sie sie auf *Privat*, wenn Sie nicht möchten, dass Ihr Bild jeder sehen kann. Klicken Sie auf *Fotos und Videos hochladen*.

6. Nach dem Hochladen auf Flickr können Sie über *Eine Beschreibung hinzufügen* einen Titel für das Bild und eine Beschreibung vergeben. Ist das erledigt, klicken Sie auf *Speichern*.

Herzlichen Glückwunsch! Soeben haben Sie Ihr erstes Bild auf Flickr gestellt, und Flickr leitet Sie automatisch an die Stelle, an der in Zukunft alle Ihre Bilder und Videos landen – in Ihren Fotostream.

Analoge Fotos auf Flickr

Schon aufgrund seiner virtuellen Natur ist Flickr ohne jeden Zweifel für Digitalfotografie prädestiniert. Bilder werden mit Digitalkameras oder Handys aufgenommen, landen meistens auf einem digitalen Rechner, werden dann – digital – zu Flickr ins Internet übertragen und dort gespeichert. Ja, die Welt der Fotos ist digital, und dennoch haben Analogfotos einen unvergleichlichen Charme und auch einen Platz bei Flickr gefunden.

Unter *www.flickr.com/analog/* gibt es eine Übersicht über die Gruppen, in denen Flickr-Mitglieder ihre eingescannten Analogbilder sowie zahlreiche Beispielbilder zeigen. Dabei werden spezielle Gruppen hervorgehoben, die nur Bilder aufnehmen, die entweder mit Polaroid- oder mit Lomo-Kameras fotografiert wurden.

können nun auch Videos hochgeladen werden. Die Einführung von Videos war für Flickr eine Gratwanderung. Zum einen musste sich Flickr weiterentwickeln, und das Anbieten von Videos sahen viele als längst überfällig an. Zum anderen befürchteten einige aber auch, dass Flickr, das insbesondere für seine qualitativ hochwertigen Fotos bekannt ist, von schlechten Home-Videos überrollt wird. Die Flickr-Community, die ohnehin bekannt dafür ist, ihre Meinung deutlich und sehr kreativ auszudrücken, hat diverse Gruppen gegen die Einführung von Videos gegründet und entsprechende Fotos ins Netz gestellt: *http://flickr.com/groups/no_video/pool.*

Die Befürchtungen der Videogegner haben sich als unbegründet erwiesen. Flickr hat geschickt die Videofunktionalität als „bewegte Fotos" eingeführt, und Videos können zwar von allen angesehen, aber zumindest in unbegrenzter Anzahl nur von Pro-Mitgliedern hochgeladen werden. Mitglieder, die für Ihren Flickr-Zugang nicht zahlen, können nur eine limitierte Anzahl von Videos pro Monat veröffentlichen. Generell sind Videos auf maximal 90 Sekunden begrenzt und dürfen die Größe von 150 MByte nicht überschreiten. Flickr verfolgt damit die Strategie der kurzen, aber „bewegten" Fotos.

Seit Anfang 2009 erlaubt Flickr auch das Hochladen und Abspielen von Videos in HD-Qualität. Videos in HD-Qualität können allerdings nur von Pro-Mitgliedern angeschaut werden. Eine Auswahl der besten Videos auf Flickr in HD-Qualität finden Sie unter *www.flickr.com/groups/flickrhd/*.

Videogruppen

Besonders gute Videoschnipsel lassen sich in den diversen Videogruppen, wie beispielsweise unter *http://flickr.com/groups/bestvideos/pool*, entdecken.

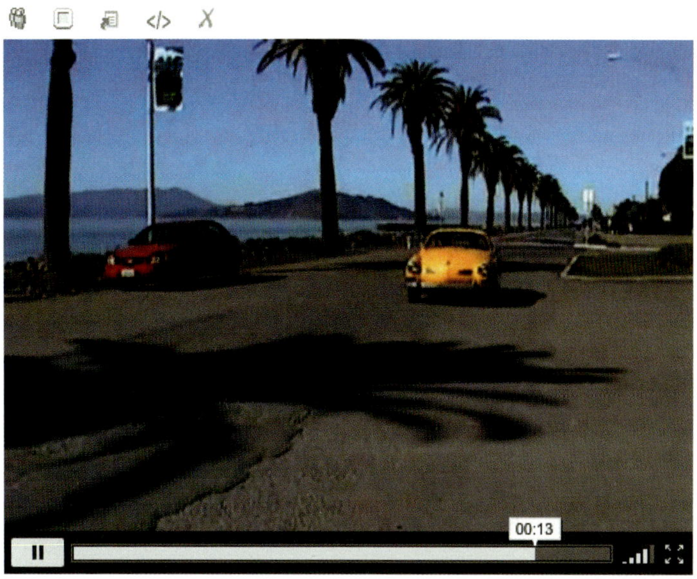

Seit April 2008 laufen auch Videos auf der Flickr-Plattform.

HD – was ist das?

HD bedeutet „High Definition", was einfach mit „hochauflösend" übersetzt werden kann. Videos, die im sogenannten HD-Videoformat (HDV) aufgenommen werden, benutzen eine höhere Auflösung und benötigen somit mehr Bildschirmzeilen als Standardvideos. Das Ganze resultiert wiederum in einer wesentlich besseren und qualitativ höherwertigen Darstellung. Flickr unterstützt den Videostandard HDV1 720p, der Videoaufnahmen in einer Auflösung von 1.280 x 720 Bildpunkten aufzeichnet und bei Flickr wiedergibt. Den Unterschied zwischen Standardvideoaufnahmen und Aufnahmen in HD sehen Sie insbesondere bei einer Wiedergabe im Vollbildmodus, in dem Ihr Video nicht in einem kleinen Fenster abgespielt wird, sondern die ganze Größe Ihres Monitors nutzt.

Flickr – los geht's

Hat es vor einiger Zeit mindestens eine Stunde, meistens aber ein paar Tage gedauert, bis man seinen analogen Film im Fotostudio oder einer Drogerie hat entwickeln lassen und die Bilder endlich seinen Freunden zeigen konnte, können mit Flickr Bilder in wenigen Augenblicken hochgeladen und um die ganze Welt geschickt werden. Sie werden sehen, es ist ganz einfach, Bilder bei Flickr hochzuladen und Ihr erstes digitales Fotoalbum zu erstellen.

Bei Flickr anmelden

Bevor Sie bei Flickr richtig loslegen können, müssen Sie sich erst einmal anmelden und einen Account erstellen.

1 Geben Sie in die Adresszeile Ihres Internetbrowsers die Adresse *www.flickr.com* ein, um die Flickr-Seite aufzurufen. Da Flickr im Jahr 2005 von Yahoo! gekauft wurde, läuft die Anmeldung bei Flickr immer über eine Anmeldung bei Yahoo! und eine Yahoo!-ID.

Die Flickr.com-Startseite, wenn Sie nicht angemeldet sind.

2 Falls Sie bereits bei Yahoo! registriert sind und eine Yahoo!-E-Mail-Adresse besitzen, klicken Sie in der rechten oberen Ecke auf *Anmelden* und geben im darauffolgenden Bildschirm Ihre Yahoo!-ID und Ihr Passwort ein.

Besitzen Sie noch keine Yahoo!-ID, klicken Sie einfach auf *Erstellen Sie Ihren Account.*

3 Wie bei jeder namhaften Seite im Internet müssen Sie bei einer Registrierung einige persönliche Daten angeben. Das ist bei Flickr und somit Yahoo! nicht anders.

Auf der Registrierungsseite machen Sie einige Angaben zu Ihrer Person und legen anschließend eine Yahoo!-ID und ein Passwort fest. Bei Millionen von Benutzern mag Ihre Wunsch-ID, insbesondere wenn sie aus einem üblichen Namen besteht, vergriffen sein, Yahoo! bietet Ihnen aber automatisch Vorschläge, die Sie durch Anklicken einfach auswählen können.

Yahoo!-ID oder Passwort vergessen?

Sollten Sie Ihre Yahoo!-ID oder das von Ihnen gewählte Passwort einmal vergessen haben, können Sie eine Sicherheitsfrage auswählen und dazu eine Antwort eingeben, die nur Sie kennen. Falls Sie bereits eine E-Mail-Adresse besitzen, können Sie diese ebenfalls eingeben, um sich im Falle des Falles das Passwort oder Ihre Yahoo!-ID zusenden lassen zu können.

4 Im nächsten Schritt müssen Sie die als Bild angezeigte Ziffern-Buchstaben-Kombination eingeben. Mit diesem Schritt schützt sich Yahoo! vor Hackern, die über ihre Rechner Yahoo!-IDs automatisch erstellen würden, da diese Ziffern-Buchstaben-Kombinationen nur von Menschen und nicht von Computern erkenn- und lesbar sind.

5 Lesen Sie sich die allgemeinen Geschäftsbedingungen und die Hinweise zum Datenschutz durch und markieren Sie das Kontrollkästchen *Stimmen Sie zu?*, wenn Sie einverstanden sind. Anschließend können Sie auf *Account erstellen* klicken und sich mit Ihrer neuen Yahoo!-ID und dem gewählten Passwort bei Flickr anmelden.

Ihre neue Yahoo!-ID

Ihre neu gewählte Yahoo!-ID können Sie nicht nur für Flickr, sondern auch für viele andere Yahoo!-Dienste wie beispielsweise Yahoo! Mail oder den Yahoo! Messenger verwenden. Um einen Überblick über alle Yahoo!-Dienste zu erhalten, besuchen Sie einfach *www.yahoo.de* und klicken in der linken Spalte auf *Alle Y! Services*.

Profil erstellen und bearbeiten

Nach Ihrer ersten Anmeldung bei Flickr müssen Sie ein Namen für Ihren Flickr-Account erstellen.

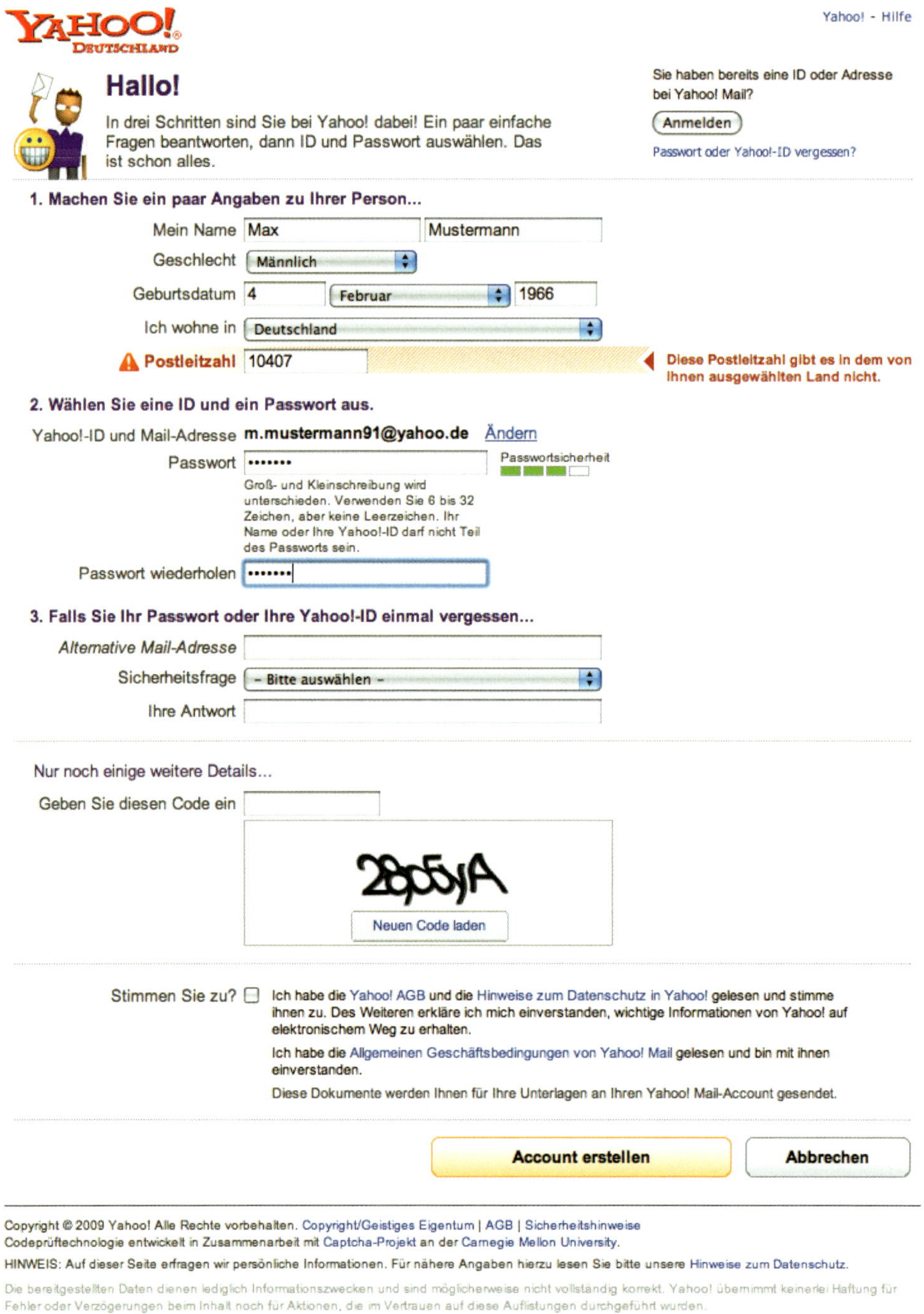

Registrierungsseite von Yahoo!.

Dieser Name kann sich von Ihrer Yahoo!-ID unterscheiden, muss es aber nicht. Meistens schlägt Ihnen Flickr einen Namen anhand Ihrer Yahoo!-ID vor. Verändern Sie diesen nach Ihren Wünschen oder klicken Sie einfach auf *Neuen Account erstellen*, wenn Ihnen der vorgeschlagene Name gefällt. Ihr Flickr-Name kann ohnehin jederzeit geändert werden.

Wahl des Flickr-Namens für neue Mitglieder.

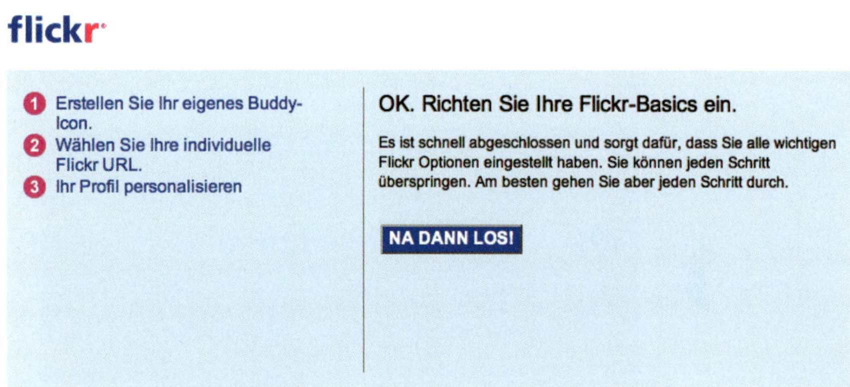

Bildschirm für die ersten Schritte bei Flickr.

Nachdem Sie Ihren Flickr-Namen ausgewählt haben, können Sie Ihrem Flickr-Profil weitere Informationen hinzufügen. Ihr Flickr-Profil, quasi eine Art Visitenkarte, enthält die Informationen, die Sie anderen Benutzern im Internet preisgeben wollen, und die Adresse, unter der andere Benutzer Ihre Fotos sehen können. Um das eigene Profil aufzusetzen, klicken Sie einfach auf *Ihr Profil personalisieren* auf der ersten Seite nach der Anmeldung.

Falls Sie schon allein auf Entdeckungstour gegangen sind und diese Seite übersprungen haben, können Sie Ihre Profileinstellungen über den Menüpunkt *Sie/Ihr Profil* und auf der darauffolgenden Seite über den Link *Profil bearbeiten* ändern.

Wie Sie ein Buddy-Icon erzeugen

Im ersten Schritt können Sie ein Bild auswählen, das Sie bei Flickr repräsentiert. Das kleine Bild wird generell neben Ihrem Namen angezeigt und kann beispielsweise ein Foto von Ihnen sein. Wenn Sie noch kein Buddy-Icon haben, vergibt Flickr Ihnen automatisch ein kleines graues Kästchen mit einem Strichmännchengesicht. Für Sie als Fotograf kann dies natürlich nicht das Maß der Dinge sein. Die Ideen für das Buddy-Icon sind grenzenlos. Es gibt sogar eine Flickr-

Gruppe, die Gegenstände in der echten Welt fotografiert, die so aussehen wie das Standardsymbol *http://flickr.com/groups/defaulticon*. Egal ob nun Gegenstand, Tier, Blume oder ein Foto mit eigenem Konterfei: Das Buddy-Icon sollte Sie in irgendeiner Art und Weise repräsentieren.

Am einfachsten ist es, wenn Sie bereits eine Fotografie auf Ihrem Computer haben, die Sie als Buddy-Icon verwenden möchten. Machen Sie sich jetzt noch keine Gedanken darüber, ob Sie nur einen Bildausschnitt des Fotos oder das ganze Bild als Buddy-Icon verwenden möchten. Flickr bietet Ihnen nach dem Hochladen ein bequemes Onlinetool, mit dem das Bild zurechtgeschnitten werden kann.

1 Über *Ein Bild auf meinem Computer suchen* gelangen Sie zu einem Bildschirm, in dem Sie durch Klicken auf *Datei auswählen* eine Foto- oder Bilddatei von Ihrer Festplatte auswählen können. Die Bilddatei sollte nicht größer als 2 MByte sein.

Das Buddy-Icon kann in einem eigenen Editor angepasst werden.

2 Nachdem Sie ein Bild gefunden haben, klicken Sie einfach auf *Hochladen*. Nach einer kurzen Weile öffnet sich das bereits angesprochene Onlinetool, das es erlaubt, genau den quadratischen Ausschnitt zu wählen, der auch als Icon verwendet werden soll.

3 Mit der Maus können Sie das kleine Viereck über das gesamte Bild verschieben und über die Ecken des Vierecks den Ausschnitt vergrößern oder verkleinern. Am linken oberen Bildrand sehen Sie bereits eine Vorschau des Buddy-Icons.

4 Sind Sie mit Ihrer künstlerischen Auswahl zufrieden, klicken Sie einfach auf *Icon erstellen*, und nach einem kurzen Augenblick wird Ihnen anstelle des grauen Viereck-Icons das persönliche Bild präsentiert.

Später können Sie das Buddy-Icon immer noch über den Hauptmenüpunkt *Sie/Ihr Profil/Ihr Buddy-Icon* ändern. Über diesen Weg können Sie nicht nur ein Foto vom Computer auswählen, sondern auch die Internetadresse eines Bildes angeben oder sogar eines der eigenen Flickr-Bilder verwenden.

Einrichten einer Flickr-Webadresse

Insbesondere wenn Sie Fotos mit anderen, und seien es auch nur ein paar Freunde oder Familienmitglieder, teilen möchten, empfiehlt sich die Einrichtung Ihrer eigenen Flickr-Webadresse. Diese Webadresse ist kostenlos und macht es anderen wesentlich leichter, Ihre Bilder unter einer bestimmten Adresse zu finden. Falls Sie noch keine Adresse ausgewählt haben, vergibt Flickr Ihnen automatisch eine kryptische Anschrift wie beispielsweise *www.flickr.com/photos/32827946@N02/* als Adresse für Ihre Fotos.

Stellen Sie sich aber jetzt vor, Sie würden mit einer Bekannten telefonieren und Ihr genau diese Adresse durchgeben wollen. Viel einfacher wäre es doch, den Mix aus Ziffern, Buchstaben und Sonderzeichen durch einen einfachen Begriff, beispielsweise *manfreds-fotos*, zu ersetzen. Genau diesen Zweck erfüllt die Flickr-Webadresse.

1 Falls Sie sich noch im Einführungsmodus von Flickr befinden, sehen Sie den Link *Wählen Sie Ihre individuelle Flickr URL*, über den Sie die verschiedenen Profileinstellungsmöglichkeiten angezeigt bekommen. Wenn Sie schon etwas weiter herumexperimentiert haben, gelangen Sie über den Hauptmenüpunkt *Sie/Ihr Account/Ihre Flickr Web-Adresse* zu der Seite, auf der Sie die Webadresse einrichten können.

Wahl der individuellen Flickr-Adresse.

Ihre Flickr-Webadresse

Bedenken Sie, dass die Flickr-Webadresse nicht mehr geändert werden kann! Die Flickr-Webadresse ist die „Anschrift" für alle Ihre Fotos und sollte daher nicht unbedingt themenspezifisch sein (beispielsweise „gartenbilder"). Der Teil der Flickr-Webadresse, den Sie bestimmen können, ist auf Buchstaben, Zahlen und die beiden Zeichen – und _ beschränkt.

2 Ist die Flickr-Webadresse ausgewählt, verfügbar, von Ihnen bestätigt und letztendlich eingerichtet, sind Ihre Bilder nicht mehr nur unter der kryptischen Adresse wie beispielsweise *www.flickr.com/photos/32827946@N02/* erreichbar, sondern können beispielsweise unter *www.flickr.com/photos/flickrbuch/* aufgerufen werden.

Angaben zur Person hinzufügen

Im letzten Schritt des Einrichtungsprozesses können Sie dem Profil noch einige Angaben über Ihre Person hinzufügen. So können Sie beispielsweise Ihren Vor- und Nachnamen, die Zeitzone, in der Sie leben, Geschlecht, Familienstatus und eine Beschreibung von sich selbst eingeben. Ihr Name oder eine Beschreibung zu Ihrer Person ist beispielsweise nützlich, wenn Sie Fotografie professionell betreiben und auf sich aufmerksam machen wollen oder eine bestimmte Auffassung vertreten, die vielleicht erklärungsbedürftig ist.

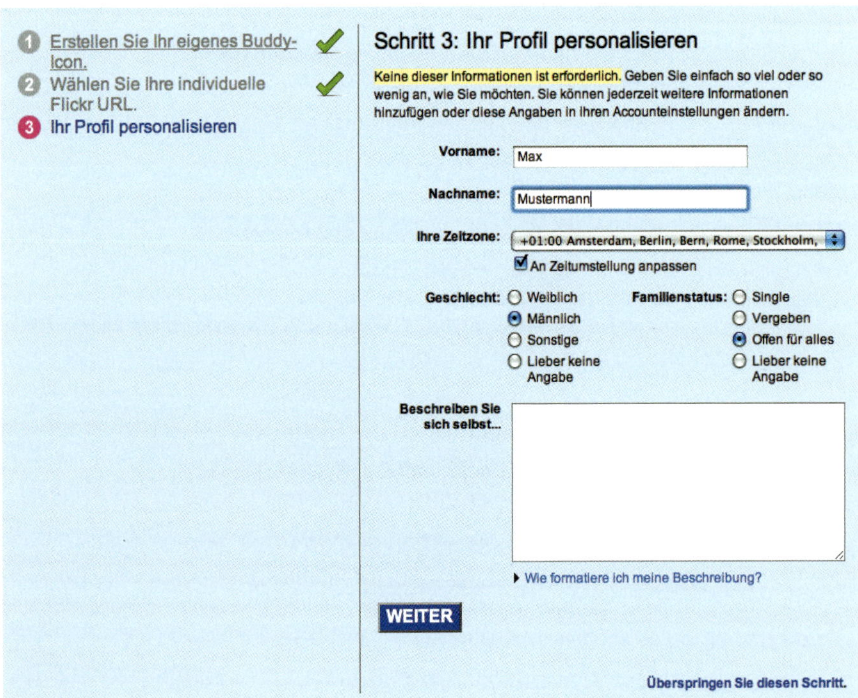

Basiswerte für Ihr Profil bei Flickr .

Wenn Sie außerhalb des Einrichtungsprozesses Ihr Profil bearbeiten möchten, bietet Flickr sogar

Profil mit einer Beschreibung tunen

Während die meisten Felder nur einfache Texteingaben erlauben, bietet das Beschreibungsfeld eine ganze Reihe von Formatierungsbefehlen. Um Ihr Profil mit einer passenden Beschreibung zu tunen, können Sie beispielsweise eigene oder fremde Bilder, Buddy-Icons oder Albumsymbole einfügen. Eine genaue Beschreibung über die zu verwendenden Schreibweisen und „Tags" (eine Art Befehle) finden Sie unter dem Link *Wie formatiere ich meine Beschreibung?* direkt unter dem Beschreibungsfeld.

noch weitere Felder an, über die Sie über sich informieren können. Diese Seite können Sie im Flickr-Hauptmenü unter *Sie/Ihr Profil/Ihr Profil bearbeiten* erreichen. Dort können Sie beispielsweise die Internetadresse Ihrer Homepage, Ihre Heimatstadt oder Ihre Interessen eingeben.

Mitgliedschaft: kostenlos oder Pro-Mitglied?

Flickr bietet zwei Formen der Mitgliedschaft an: eine kostenlose Mitgliedschaft mit einigen Einschränkungen und eine sogenannte Pro-Mitgliedschaft mit allen Funktionen für einen Jahresbeitrag von knapp 25 US-Dollar. Wie viel das in Euro ist, können Sie mit einem Währungsrechner im Internet herausfinden: *http://de.finance.yahoo.com/waehrungsrechner*.

Natürlich müssen Sie nicht sofort eine Pro-Mitgliedschaft abschließen, sondern können sich Zeit lassen und die Grenzen ausreizen, doch ist es sicher sinnvoll, die Einschränkungen der kostenlosen Mitgliedschaft zu kennen.

Einschränkungen der kostenlosen Mitgliedschaft

- Pro Monat können 100 MByte (Megabyte) Bilddaten bei Flickr hochgeladen werden. Diese 100 MByte sind nicht der reine Speicherplatz, sondern die Datenmenge, die durch das Hochladen der Bilder verursacht wird. Es hilft also nicht, innerhalb eines Monats ein paar Bilder vom Flickr-Account zu löschen, um Platz für neue Bilder zu schaffen und das Limit zu umgehen. Die kostenlosen 100 MByte reichen für ca. 100 Bilder im Monat, wenn diese mit einer 4-Megapixel-Kamera aufgenommen wurden. Je höher die Auflösung der Bilder, desto größer werden diese, und desto weniger passen in das 100-MByte-Limit.

- Sie können nur zwei Videos pro Monat hochladen. Flickr ist durch Fotos bekannt geworden, bietet aber seit Sommer 2008 auch Video-Uploads mit einer Maximallänge von 90 Sekunden pro Video an. Das unbegrenzte Hochladen von Videos bleibt nur Pro-Mitgliedern vorbehalten.

- Die Fotoansicht ist auf die 200 aktuellsten Bilder begrenzt. Bei mehr als 200 Bildern bleiben die älteren Bilder zwar bei Flickr gespeichert, werden jedoch ausgeblendet, und nur die 200 zuletzt hochgeladenen Bilder sind sichtbar.

- Auch wenn Sie die Bilder in der Originalgröße hochladen, sind sie nur in einer heruntergerechneten Version abrufbar. Keine Angst: Die Bilder sind immer noch sehr gut erkennbar, nur die Originalgröße kann nicht abgerufen werden.

- Sie sehen keine Besuchsstatistiken Ihrer Flickr-Seiten. Flickr bietet ein sehr komfortables Onlinetool an, mit dem Sie auf einen Blick sehen können, wie viele Besucher Ihre Flickr-Seiten aufgerufen haben und welche Ihre populärsten Fotos sind. Das Statistiktool wird automatisch mit einem Pro-Nutzer-Account aktiviert und im letzten Kapitel dieses Buchs ausführlich beschrieben.

- Bilder lassen sich in maximal zehn verschiedenen Gruppen einsortieren (siehe Kapitel „Erfolg in die Community mit Gruppen und Blogs".
- Sie sehen kleine Werbeeinblendungen auf den Fotoseiten. Neben den Einnahmen aus den kostenpflichtigen Mitgliedschaften finanziert sich Flickr über diese Werbeeinblendungen. Glücklicherweise werden sie sehr dezent angezeigt und sind nur sichtbar, wenn Sie und das Mitglied, dessen Seiten Sie gerade besuchen, eine kostenfreie Mitgliedschaft haben.

Wenn Sie es ernst mit Flickr meinen, sollten Sie die kleine Investition in die Mitgliedschaft nicht scheuen. Dennoch ist es ratsam, Flickr erst einmal in Ruhe auszuprobieren und dann zu entscheiden, ob man mit den Einschränkungen leben kann oder das Flickr-Gefühl richtig ausreizen möchte.

Wenn ein gekaufter Pro-Account abläuft?

Läuft ein gekaufter Pro-Account nach einem oder zwei Jahren ab, werden weder Ihre Bilder noch Ihre Videos gelöscht. Sie fallen lediglich zurück unter die Beschränkungen des kostenlosen Accounts, wo Sie nur die letzten 200 Bilder oder Videos sehen können. Nach der Reaktivierung einer Pro-Mitgliedschaft haben Sie automatisch auch wieder Zugriff auf alle hochgeladenen Inhalte.

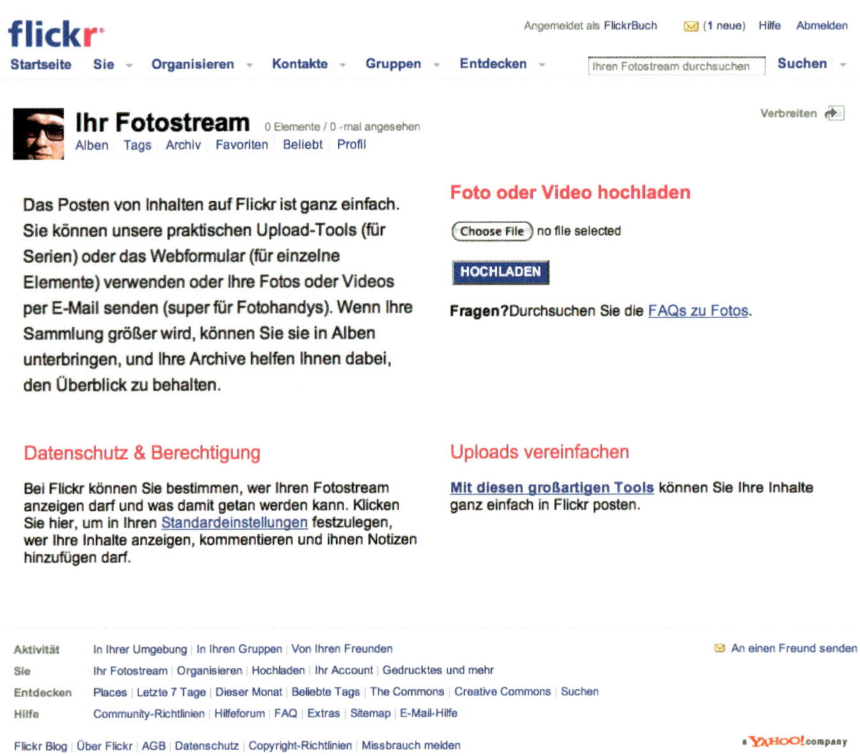

Die Flickr-Startseite bei einem neuen, noch leeren Account.

Auf der Flickr-Startseite

Großartig – jetzt haben Sie bereits die ersten Schritte in Flickr unternommen und gelernt, wie Sie sich anmelden, Ihr Profil verfeinern und was Sie von der kostenfreien und der Pro-Mitgliedschaft erwarten können. Lassen Sie uns noch kurz gemeinsam die Flickr-Startseite erkunden, bevor Sie das erste Foto hochladen.

Die Flickr-Startseite erreichen Sie immer über einen Klick auf das linke obere Flickr-Logo und über die Adresse *http://flickr.com*. Die Seite ist quasi Ihre Schaltzentrale

Mit Places einmal um die ganze Welt

Places bietet Ihnen die Möglichkeit, bestimmte Orte rund um den Globus fotografisch zu entdecken. Zu nahezu jedem Ort auf der Welt, der über die *Places*-Suche gefunden werden kann, zeigt Flickr die interessantesten (nach dem „Interesting“-Faktor ausgewählten) Bilder und Videos, die an diesem Ort aufgenommen wurden, sowie die am häufigsten genutzten und die neuesten Tags (Schlagwörter, die mit einem Foto assoziiert werden) und die beliebtesten Gruppen, die sich mit dem Ort beschäftigen.

Egal ob „San Francisco“ oder „Nienburg“, Flickr zeigt Ihnen unglaubliche Fotos zu nahezu jedem Ort. *Places* finden Sie direkt auch unter dieser Adresse: *www.flickr.com/places/*.

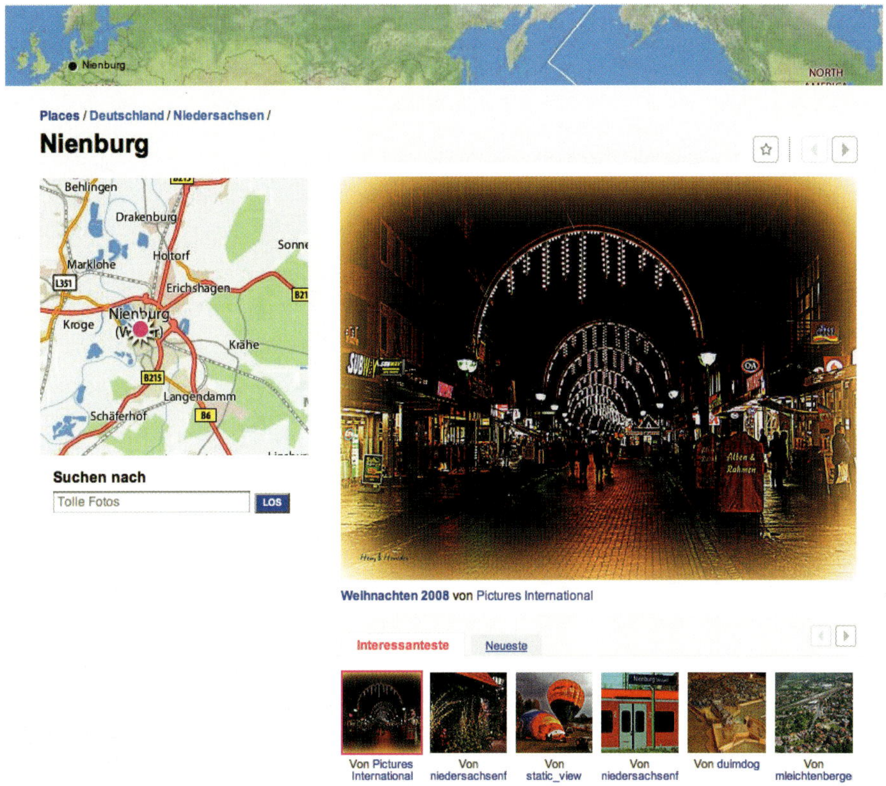

Places zeigt Orte einmal anders, selbst so kleine Städte wie das beschauliche Nienburg an der Weser im Norden Deutschlands.

Entdecken Sie die besten Fotos und Videos

Ein Klick auf *Entdecken* führt Sie auf eine Seite mit den besten Fotos und Videos, die Flickr zu bieten hat. Diese Fotos und Videos werden automatisch bestimmt und unter dem englischen Begriff „Interestingness“ zusammengefasst. Die „Interestingness“ eines Fotos oder Videos bewertet Flickr anhand vieler Faktoren: der Anzahl der Kommentare, wie viele Menschen ein Bild zu ihren Favoriten hinzugefügt haben, wie oft und von wo das Bild aufgerufen wurden, in welchen Gruppen es sich befindet und noch viel, viel mehr. Die besten Bilder lassen sich von der *Entdecken*-Seite, *http://flickr.com/explore*, Monat für Monat aufrufen.

Weiterhin befinden sich auf der *Entdecken*-Seite Fotos und Videos, die vor genau einem Jahr auf-

Flickr im Yahoo! Kalender

Von Flickr ausgewählte Fotos mit hoher „Interestingness“ werden auch im neuen Yahoo! Kalender unter *http://de.calendar.yahoo.com* in der Monatsansicht als Hintergrundbilder angezeigt.

genommen wurden und auch in die „Interestingness"-Kategorien fielen, sowie eine Liste von Lieblingsalben und nur ein kleiner Ausschnitt aus der Welt der Flickr-Gruppen, Foto- und Videosammlungen zu bestimmten Themen. Wie der Name der Seite schon sagt, sollten Sie einige Minuten auf der Seite verbringen und die angebotenen Links durchklicken. Rasch werden dann aus wenigen Minuten manchmal ganz schnell Stunden.

Im Zeitstrahl der Flickr-Videouhr

Mit der Anfang 2009 eingeführten Flickr-Uhr lassen sich insbesondere Videos, die zu einer bestimmten Tageszeit aufgenommen wurden, eindrucksvoll suchen. Die Flickr-Uhr finden Sie unter der Adresse *www.flickr.com/explore/clock/*, und nach dem Aufruf sehen Sie einen Bildschirm mit einem Zeitstrahl und diversen Bildstreifen. Klicken Sie einfach auf einen dieser

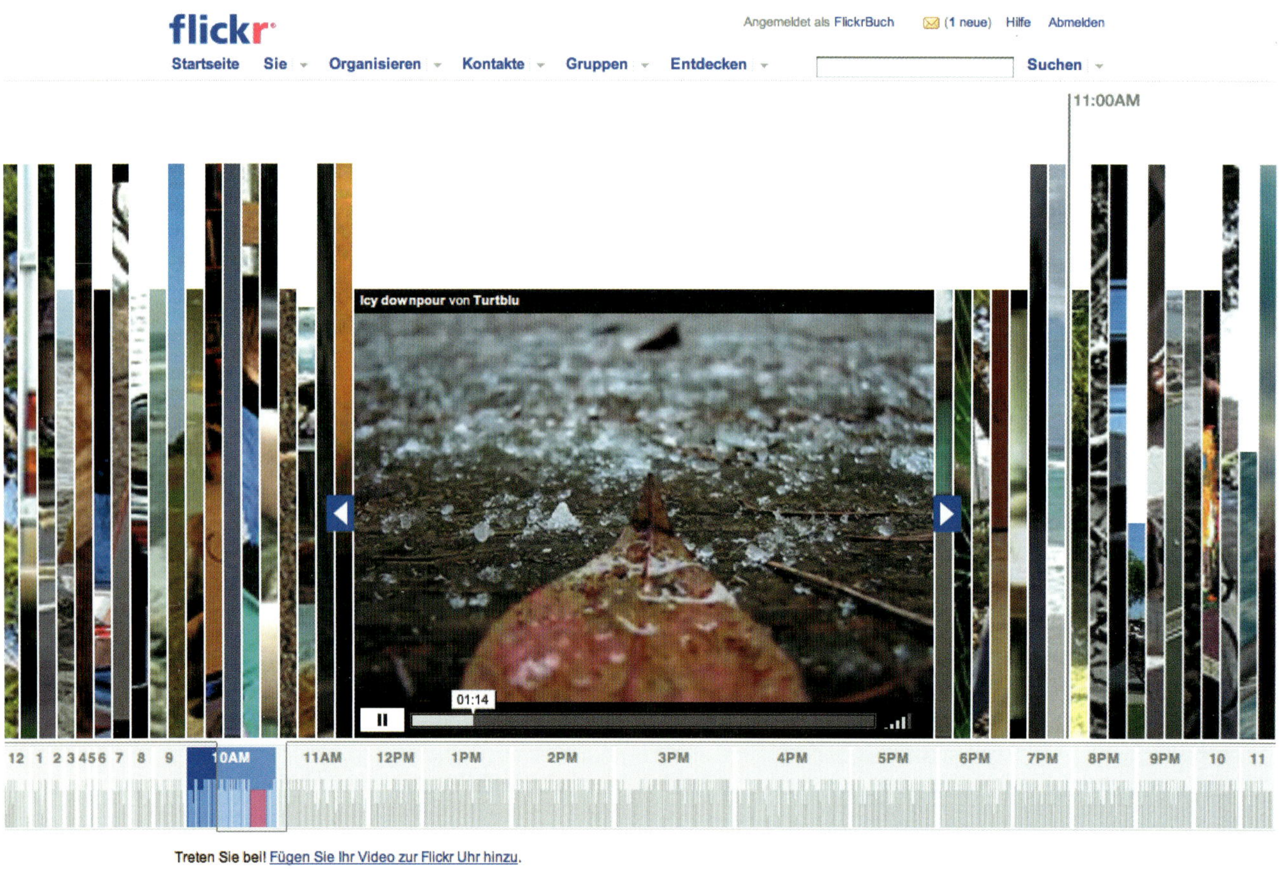

Nicht nur schön, sondern auch nützlich: die Videouhr.

Bildstreifen, und Sie werden sehen, dass sich dahinter ein Video verbirgt.

Über die Flickr-Uhr können Sie somit immer wieder neue Videos entdecken, die nach der jeweiligen Tageszeit im Aufnahmeland geordnet sind.

Videos der Flickr-Uhr hinzufügen

Falls Sie selbst bei der Flickr-Uhr mitmachen und Ihre Videos dort sehen möchten, müssen Sie folgende Schritte nachvollziehen. Viele der angesprochenen Funktionen werden Ihnen zwar noch wenig sagen, aber glauben Sie uns – nach der Lektüre dieses Buchs sind die Schritte die einfachsten der Welt.

1 Laden Sie das Video auf Flickr, das Sie gern der Flickr-Uhr hinzufügen möchten.

2 Anschließend gehen Sie auf die Seite der Flickr-Uhr-Gruppe, um dort Mitglied zu werden.

   `www.flickr.com/groups/flickrclock/`

   Keine Angst, Mitglied zu sein, bedeutet lediglich, Teil dieser Gruppe zu werden, um dort Ihr Video zu veröffentlichen. Bei allen Gruppen bei Flickr geht es nur um Themenbereiche, nicht um Mitgliedsgebühren oder Geld.

3 Versehen Sie das Video auf der Detailseite mit einem sogenannten maschinellen Tag. Dieser muss die Stunde beinhalten, in der das Video aufgenommen wurde. Dabei wird das englische 12-Stunden-Zeitsystem verwendet:

```
time:hour=1AM
time:hour=2AM
time:hour=3AM
...
time:hour=1PM
time:hour=2PM
time:hour=3PM
```

Die ersten Werte entsprechen 1 bis 3 Uhr früh (erkennbar am Zusatz *AM*), die letzten drei Werte entsprechen 13 bis 15 Uhr am Nachmittag, erkennbar an der Endung *PM*.

Auch wenn Sie jetzt noch nicht wissen, wie Sie Mitglied einer Gruppe werden, wie Sie ein Video hochladen oder was denn eigentlich ein „Tag" ist – keine Sorge: Lesen Sie weiter in diesem Buch und kehren Sie später zu dieser Seite zurück.

Fotos und Videos hochladen

Nachdem Sie gelernt haben, wie Sie die Bilder anderer aufrufen, wird es nun Zeit, die eigenen Kunstwerke auf die Flickr-Server zu laden. Bilder auf Flickr zu stellen ist ganz einfach, und es gibt zahlreiche Wege dafür. Dieses Kapitel beschäftigt sich mit den gängigsten Methoden. Im Kapitel „Tipps & Tricks für Profis" lernen Sie noch weitere Wege kennen, wie zum Beispiel die Möglichkeit, Bilder vom Mobiltelefon inklusive Geo-Tagging zu Flickr zu schicken. Aber fangen wir erst einmal mit der einfachsten Variante an: der Flickr-Upload-Seite im Internet.

Auf der Flickr-Upload-Seite

Auf Ihrer Flickr-Startseite finden Sie in der rechten oberen Hälfte den Link *Fotos & Videos hochladen*. Dieser Link bringt Sie auf eine der beiden Seiten, auf denen Sie Bilder hochladen können. Moment – zwei Seiten? Ja, Flickr bietet, je nachdem, ob Sie eine schnelle oder eine langsamere Internetverbindung besitzen, die normale Upload-Seite oder eine vereinfachte, nicht so komfortable Variante an, die Flickr selbst den *Basis-Uploader* nennt.

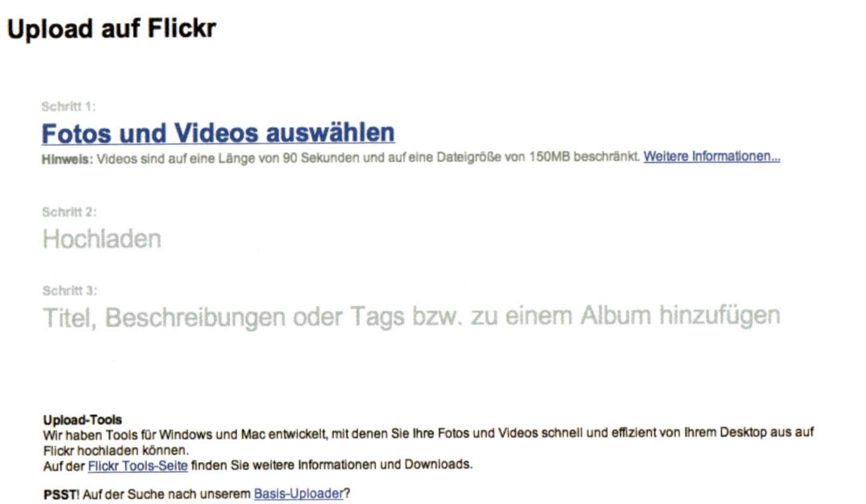

Die Upload-Seite bei Flickr.

Beschäftigen wir uns erst einmal mit der normalen Upload-Seite. Das Hochladen von Bildern und Videos erfolgt in drei Schritten. Diese drei Schritte sind auf der Upload-Seite beschrieben und können nacheinander aufgerufen werden. Falls Sie noch kein Pro-Mitglied sind, wird Ihnen am oberen Rand des Upload-Fensters angezeigt, wie viel Prozent Sie bereits von Ihrem Upload-Limit verbraucht haben.

1 Je nachdem, ob Sie nun Pro-Mitglied sind oder nicht, wird Ihnen ein Link angezeigt, der sich entweder *Fotos und Videos auswählen* oder für nicht Pro-Mitglieder *Fotos auswählen* nennt. Der Einfachheit halber werden wir in Zukunft Videos immer mit einbeziehen, auch wenn diese Funktion nur Pro-Mitgliedern zur Verfügung steht. Nach dem Anklicken des Links öffnet sich ein Auswahlfenster, in dem Sie eine oder mehrere Bild- oder Videodateien auswählen können. Je nachdem, wie fit Sie bereits am Computer sind, wird Ihnen dieses Fenster bekannt vorkommen.

2 Flickr verwendet nämlich den Standarddateiauswahldialog von Windows. Wählen Sie in der Liste oben das Verzeichnis auf dem PC aus, in dem das gewünschte Foto liegt. Im großen Fenster können Sie dieses dann per Doppelklick auswählen. Zur besseren Übersicht lässt sich die Dateiliste mit dem Symbol oben rechts auf Miniaturansicht umschalten. Zusätzlich zu den meist wenig aussagekräftigen Dateinamen sehen Sie jetzt kleine Bildchen im Dateiauswahldialog.

3 Nachdem Sie eine oder mehrere Dateien ausgewählt und das Auswahlfenster mit *Auswählen* bestätigt haben, werden die von Ihnen gewählten Dateien aufgelistet. Sie sehen den Dateinamen und die Dateigröße und können über die kleine Mülltonne rechts neben Name und Größe die Datei wieder aus der Liste entfernen. Am unteren Ende der Liste sehen Sie die Gesamtzahl der ausgewählten und hochzuladenden Dateien sowie deren

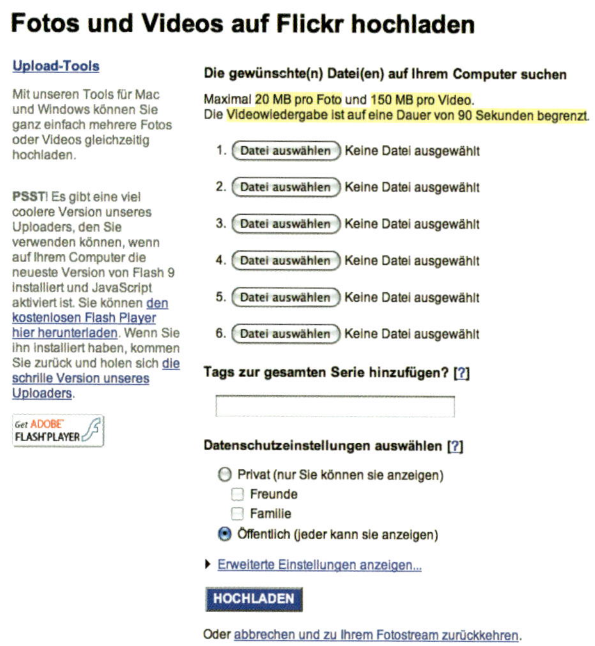

Der Basis-Uploader ist nur bei langsamen Internetverbindungen zu empfehlen.

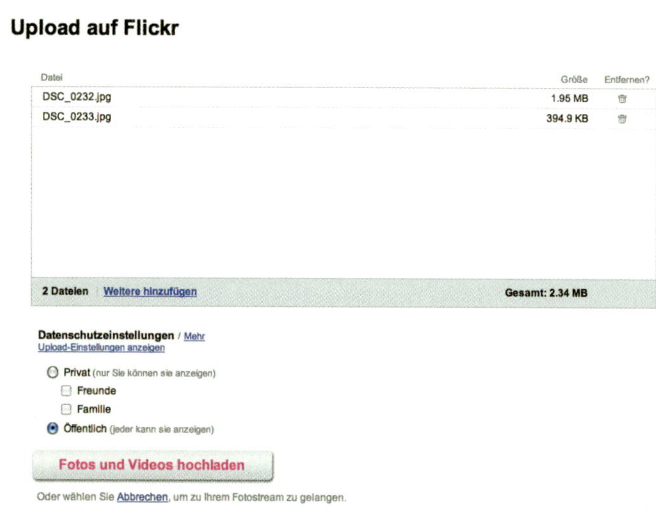

Diese Dateien sollen nun auf Flickr geladen werden.

Gesamtgröße. Die Größeninformation für Fotos ist eigentlich nur interessant, wenn Sie keine Pro-Mitgliedschaft besitzen und auf Ihr monatliches Datenvolumen achten müssen oder wenn Sie eine langsame Internetverbindung besitzen. Haben Sie mit Ihrer Auswahl doch noch nicht alle Fotos oder Videos erwischt, die Sie mit diesem Schwung hochladen wollen, können Sie über den Link *Weitere hinzufügen* genau dies tun.

4 Die nächste Einstellungsmöglichkeit ist eine der besten Funktionen von Flickr, auch wenn das Festlegen der Personen, die diese Bilder sehen dürfen, recht trocken mit *Datenschutzeinstellungen* benannt ist. Obwohl wir im Kapitel „Freunde, Familie und der Rest der Welt" noch sehr ausführlich darauf eingehen werden, wie Sie Fotos und Videos mit Freuden, mit Familienmitgliedern oder dem Rest der Welt austauschen, soll hier schon eine kurze Erklärung folgen.

Mit Flickr können Sie sehr genau festlegen, wer Ihre Fotos sehen darf und wer nicht. Dazu verwendet Flickr verschiedene Ebenen: Bilder, die als *Privat* markiert sind, können nur von den Personen gesehen werden, die Zugriff auf Ihr Flickr-Konto haben. Da Sie Ihre Yahoo!-ID und Ihr Passwort nie weitergeben sollten, können in der Regel nur Sie selbst diese Bilder sehen. Das komplette Gegenteil bietet die Option *Öffentlich*. Wie der Name schon sagt, sind diese Bilder von jedermann und der ganzen Welt einsehbar. Flickr hat außerdem ein Kontaktmanagement eingebaut, über das Sie Einladungen an andere Internetbenutzer senden können. Kontakte von Ihnen können Sie optional als *Freund* oder *Familie* markieren. Dies erlaubt Ihnen, private Familienfotos im Kreis Ihrer Familie zu teilen, ohne dass Ihr Freundeskreis diese Bilder zu sehen bekommt.

5 Für alle ausgewählten Bilder auf der Flickr-Upload-Seite können Sie nun diese Einstellung festlegen. Da wir noch nicht im Kapitel „Freunde, Familie und der Rest der Welt" sind und noch keine Kontakte ausgewählt haben, wählen Sie am besten *Privat* oder *Öffentlich* (wenn Sie die von Ihnen ausgewählten Bilder für jedermann zugreifbar im Internet veröffentlichen möchten) und klicken dann auf *Fotos hochladen*.

Kostenlos: die Flickr-Uploadr-Software

Die Software zum Upload gibt es kostenlos zum Download bei Flickr unter der Adresse *www.flickr.com/tools*. Das Programm Uploadr, das auf dem Desktop eines PCs oder eines Apple-Rechners läuft, ist insbesondere dann empfehlenswert, wenn Sie viele Fotos auf einmal hochladen oder die Fotos vor dem Hochladen in das Internet mit entsprechenden Daten wie Titel, Beschreibung, Tags etc. versehen möchten.

Die Bedienung der Versionen für Windows und Mac OS X ist nahezu identisch. Nach dem Start öffnet sich ein Fenster, das klar in zwei Bereiche unterteilt ist. Der linke Bereich ist dazu da, Bilder und Videos von der Festplatte hineinzuschieben, und zeigt anschließend diese Bilder im Kleinformat an. Der rechte Bereich dient den verschiedenen Einstellungsmöglichkeiten, die man pro Bild vornehmen kann.

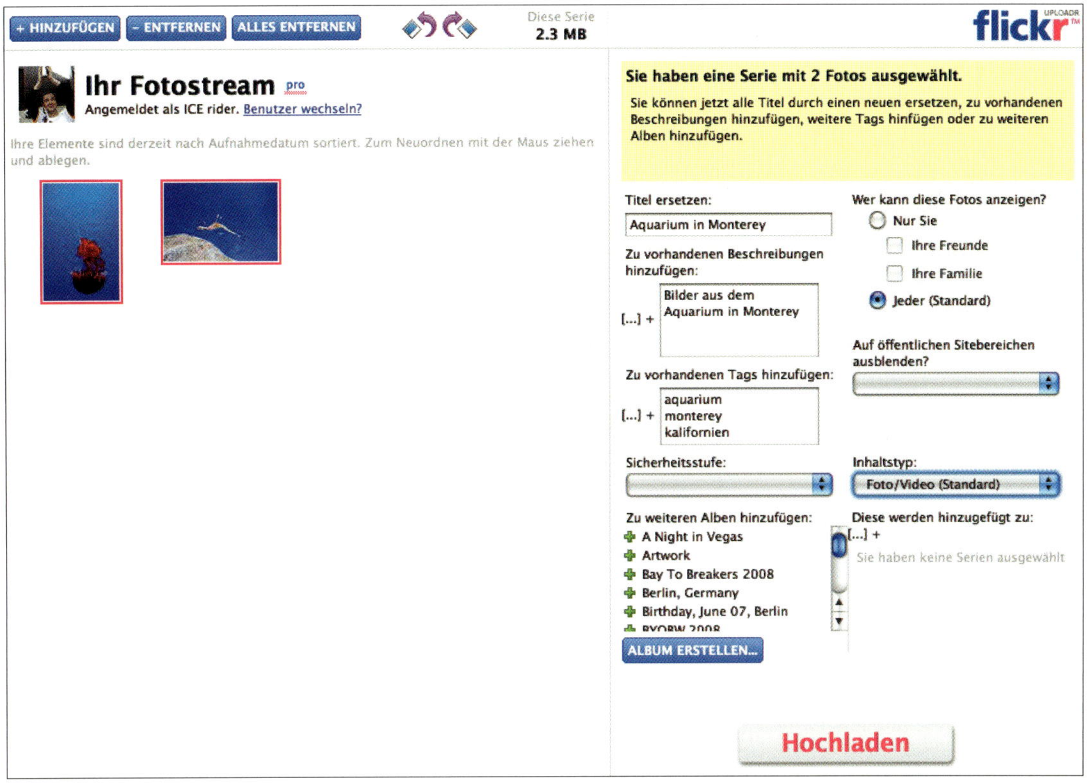

Der Uploadr macht das Hochladen von Bildern sehr leicht.

Uploadr mit dem eigenen Flickr-Account verbinden

1 Um Bilder hochladen zu können, muss sich der Flickr-Uploadr erstmalig mit der Webseite in Verbindung setzen und sich mit Ihrem Benutzernamen anmelden. Klicken Sie dazu auf *Anmelden* und bestätigen Sie den darauffolgenden Dialog mit *OK*.

2 Anschließend öffnet sich Ihr Internetbrowser, und Sie werden aufgefordert, sich bei Yahoo! mit Ihrer Yahoo!-ID anzumelden. Wenn Sie dies erfolgreich getan haben, müssen Sie dem Flick-Uploadr gestatten, auf Ihr Flickr-Konto zuzugreifen. Machen Sie dies mit einem Klick auf *OK, ich erlaube es*.

Zur Genehmigungsprozedur

Falls Sie weitere Flickr-Tools ausprobieren möchten, die Sie auf Ihrem PC installieren oder im Internet verwenden wollen, werden Sie unter Umständen noch öfter auf diese Genehmigungsprozedur stoßen. Flickr hat es seit seinen Anfängen anderen Entwicklern ermöglicht, Programme, Dienste und Webanwendungen für Flickr zu schreiben, aber immer Wert darauf gelegt, dass der Benutzer jeder Anwendung den Zugriff auf seine Daten erst erlauben muss.

3 Nachdem Sie nun die Anmeldung bei Yahoo! vorgenommen und den Zugriff erlaubt haben, können Sie zurück zum Uploadr-Fenster gehen und dort auf *Bereit* klicken. Ab diesem Moment kann der Uploadr benutzt werden.

Bilder auswählen und hochladen

Bilder und Videos können Sie einfach per Drag and Drop von Ihrem PC oder Ihrem Mac in das Uploadr-Fenster ziehen. Alternativ können Sie auf *Hinzufügen* im Uploadr-Fenster klicken und sich ein oder mehrere Bilder oder Videos über das Dateiauswahlfenster auswählen.

Alle Inhalte werden in der linken Fensterhälfte dargestellt und können mit der Maus markiert werden. Dabei können Sie einzelne Bilder oder Videos markieren oder mit der Maus einen Rahmen um mehrere Bilder ziehen, um diese zusammen zu bearbeiten. Bearbeiten heißt in diesem Fall, die bildspezifischen Werte wie Titel, Beschreibung sowie Tags einzugeben und die Bilder gleich in ein Album zu packen oder festzulegen, wer die Inhalte sehen kann. Die meisten Einstellungsmöglichkeiten werden weiter unten im Buch behandelt.

Was beim Hochladen ins Internet recht umständlich ist, ist die Auswahl und die letztendliche Darstellung der Reihenfolge. Diese lässt sich mit dem Uploadr ganz einfach verändern. Falls Sie beispielsweise ein Bild lieber vor einem anderen sehen möchten, obwohl es viel später aufgenommen wurde, können Sie dieses Bild ganz einfach mit der Maus an die gewünschte Position schieben.

Bitte achten Sie darauf, dass Sie, wenn Sie beispielsweise einen neuen Titel für ein Bild eingeben und aus Versehen mehrere Bilder auf der linken Seite markiert haben, dann diese Einstellung für alle markierten Bilder vornehmen.

Wenn alle Bilder in der richtigen Reihenfolge stehen, mit den richtigen Namen und der richtigen Beschreibung versehen sind, können Sie auf *Hochladen* klicken, um alle Inhalte auf Flickr zu stellen.

Plug-in für iPhoto und Aperture

Falls Sie einen Apple-Rechner verwenden und Ihre Fotos mit dem Apple-Programm iPhoto oder Aperture verwalten, können Sie ein Flickr-Plug-in namens FlickrExport benutzen, um Ihre Fotosammlungen direkt aus iPhoto oder Aperture auf Flickr zu stellen. Beide Plug-ins sind nicht von Flickr entwickelt, sondern stammen aus der „Tastatur“ des Flickr-Mitglieds Fraser Speirs. Links zum Herunterladen der beiden Plug-ins sind auf seiner Flickr-Profilseite verfügbar: *www.flickr.com/people/fraserspeirs*

Beide Plug-ins sind kostenpflichtig (das Aperture-Plug-in gibt es allerdings noch in einer kostenlosen Light-Version mit weniger Funktionen), können aber 30 Tage lang ausprobiert werden. In diesem Testzeitraum können Sie pro Upload nur fünf Bilder hochladen, und die Bilder erhalten zu den von Ihnen vergebenen Tags und der Beschreibung noch eine Anmerkung, die festhält, dass sie mit der Testversion von FlickrExport hochgeladen wurden.

FlickrExport für iPhoto klinkt sich in das Exportfenster für die iPhoto-Funktion *Fotos exportie-*

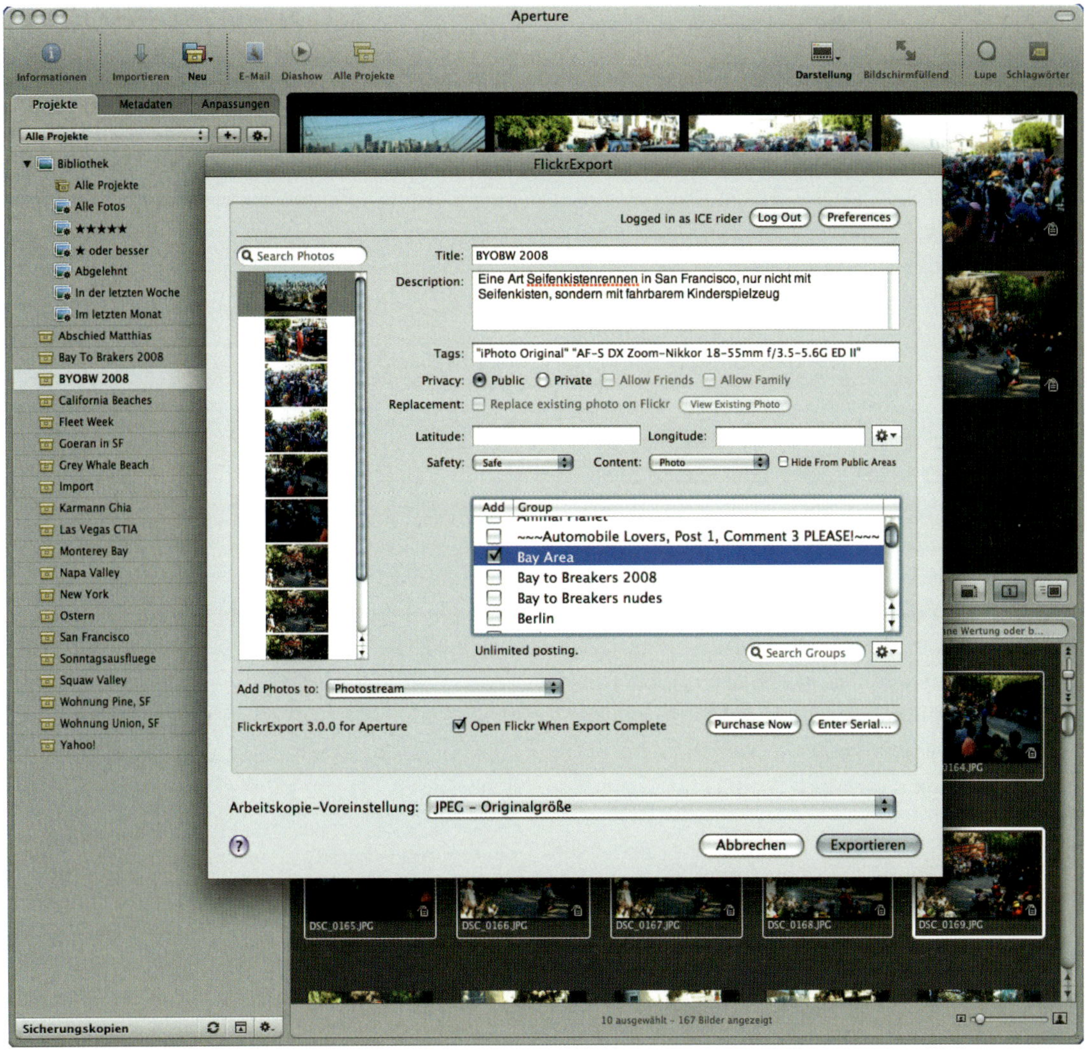

FlickrExport für Apple Aperture.

ren ein und steht dort als neue Auswahlfunktion zur Verfügung. Bevor Sie Bilder hochladen, können Sie bequem Titel, Beschreibung und Tags vergeben. Sie können Fotos auch gleich in bestehende Fotoalben einsortieren oder gar ein neues Album für Ihre Fotos von iPhoto aus anlegen.

Insbesondere wenn Sie keinen Pro-Account und somit nur eine limitierte Bandbreite für Ihre Flickr-Uploads zur Verfügung haben, kann Flickr-Export für iPhoto die Fotos auf eine kleinere Größe herunterrechnen. Sie haben dann die Originalgrößen immer auf Ihrem Rechner und etwas kleinere Versionen für Freunde, Bekannte und den Rest der Welt im Internet.

Falls Sie Aperture verwenden, haben Sie mit FlickrExport für Aperture noch ein paar weitere Möglichkeiten. So können Sie Fotos nicht nur in ein eigenes Album stecken, sondern Bilder auch gleich von Aperture aus an Gruppen versenden. Aperture selbst erlaubt dem Benutzer, sogenannte Schlüsselwörter und Metadaten zu jedem Foto abzuspeichern.

Dieses Feature wird von FlickrExport für Aperture unterstützt, indem zum einen ein Aperture-Schlüsselwort zu jedem hochgeladenen Foto hinzugefügt werden kann und zum anderen die Foto-URL (die Webadresse des Fotos bei Flickr) sowie die Flickr-Foto-ID in den Aperture-Metadaten zum Foto gespeichert werden. Falls die kostenlose Software Google Earth installiert ist, kann mittels Google Earth und dem Aperture-Plug-in der Ort ausgewählt werden, an dem das Bild aufgenommen wurde.

Zugriff auf Ihre Daten mit anderen Programmen

Jede Software und jede Internetseite, die nicht zu Flickr gehört, muss Sie um Erlaubnis fragen, um auf Ihre Daten bei Flickr zugreifen zu können. In der Regel werden Sie aufgefordert, sich mit Ihrer Yahoo!-ID und Ihrem Passwort bei Flickr anzumelden und anschließend den Zugriff explizit zu genehmigen. Alle diese Genehmigungen werden bei Flickr gespeichert und sind in den Einstellungen zur Privatsphäre einsehbar und auch widerrufbar. Sie erreichen diese Einstellungen über das Hauptmenü *Sie/Ihr Account*, wo Sie dann auf *Erweitern von Flickr* klicken und nach der Liste der genehmigten Anwendungen unter *Account-Verknüpfungen* schauen. Über den Link *Bearbeiten* neben den aufgelisteten Anwendungen können Sie auch die Genehmigungen für einzelne Angebote wieder zurückziehen.

Fotos via E-Mail hochladen

Flickr bietet neben dem Upload-Formular und den Programmen für Mac und PC auch die Möglichkeit, Fotos per E-Mail hochzuladen und zu veröffentlichen. Was anfangs etwas merkwürdig klingt, ist insbesondere in zwei Fällen sehr sinnvoll:

- Sie nehmen Bilder mit Ihrem Handy auf und wollen diese Bilder gleich auf Flickr stellen, haben aber kein extra Programm auf dem Mobiltelefon, das Bilder bei Flickr hochladen kann.
- Sie erhalten Bilder per E-Mail geschickt und wollen sie ebenfalls gleich auf Flickr veröffentlichen, ohne sie aber erst auf dem Rechner zwischenzuspeichern und dann per Internet oder Programm hochzuladen.

Das Hochladen der Bilder per E-Mail ist ganz einfach: Flickr erstellt Ihnen Ihre eigene, persönliche Adresse, an die Sie die Bilder schicken können. Diese Adresse sehen Sie auf der Flickr-Seite zum E-Mail-Upload: *http://flickr.com/account/uploadbyemail*. Ihre E-Mail-Adresse sehen Sie in der rechten oberen Fensterecke. Sie besteht meistens aus einer Kombination aus Ziffern und Buchstaben und besitzt die Endung *@photos.flickr.com*.

Erhalten Sie beispielsweise in Ihrem E-Mail-Programm eine E-Mail mit einem oder mehreren Fotos, die Sie gern in Ihrem Flickr-Account veröffentlichen wollen, können Sie diese Mail einfach an die von Flickr vergebene Adresse weiterleiten. Versuchen Sie, sich auf einzelne Bilder oder nur wenige Bilder per Upload zu beschränken. Die Funktion wurde eigentlich nur für einzelne Bilder gebaut, unterstützt aber auch mehrere Bilder per E-Mail, solange sie nicht zu groß sind.

Bevor Sie eine empfangene E-Mail weiterleiten oder eine neue Mail mit Ihren Bildern versehen und verschicken, sollten Sie unbedingt die Betreffzeile und den Inhalt der Mail bearbeiten. Die Betreffzeile wird in der Regel als Fototitel verwendet. Sie können in der Betreffzeile auch noch sogenannte Tags (Schlagwörter) hinterlegen, diese müssen aber dem Wort „Tags:“ folgen. Tags können ebenfalls als letzte Zeile in den eigentlichen E-Mail-Inhalt eingegeben werden, müssen aber auch dort dem Begriff „Tags:“ folgen und zusammen mit diesem Begriff auf einer Zeile stehen.

Ein Beispiel:

- Betreff: Unser Weihnachtsbaum
  Tags: weihnachtsbaum weihnachten tanne
- E-Mail-Text: Unser Weihnachtsbaum für dieses Jahr. Ist er nicht schön?

In Flickr würde das Foto dann mit den folgenden Informationen erscheinen:

- Fototitel: Unser Weihnachtsbaum
- Beschreibung: Unser Weihnachtsbaum für dieses Jahr. Ist er nicht schön?
- Tags: weihnachtsbaum, weihnachten, tanne

Weitere Upload-Möglichkeiten

Es gibt natürlich noch zahlreiche Tools von anderen Anbietern als Flickr, die das Hochladen von Fotos ermöglichen. Unter der Adresse *www.flickr.com/tools/* werden weitere Programme und Dienste gelistet. Im Kapitel „Flickr auf dem Mobiltelefon nutzen“ erfahren Sie zusätzlich, welche mobile Software es gibt, mit der Sie Fotos oder Videos von Ihrem Kamerahandy einfach und bequem (und optional sogar automatisch mit Ortsinformation) hochladen können.

Fotos und Videos organisieren

Nachdem Sie die ersten Fotos auf Flickr geladen haben, können Sie diese nicht nur in Ihrem Fotostream ansehen, sondern auch die Inhalte direkt verändern bzw. die Daten zu einem jeden Bild anpassen. Um Ihre Fotos oder Videos zu organisieren, gibt es zwei verschiedene Möglichkeiten: Zum einen können Sie nahezu alle Werte direkt auf der Fotoseite – also der Seite, auf der Sie das Foto auch sehen – verändern. Zum anderen gibt es aber noch den sogenannten Organizr, der das Bearbeiten von Fotos und den dazugehörigen Daten in Serie ermöglicht. Aber lassen Sie uns erst einmal die hochgeladenen Fotos in Flickr ansehen.

Der Fotostream listet alle Ihre Bilder auf einer oder mehreren Seiten, je nachdem, wie viele Fotos Sie bereits auf Flickr gestellt haben.

Fotos und Videos ansehen

Alle Ihre Bilder und Videos werden in Ihrem Fotostream gespeichert und darstellt. Diese Seite erreichen Sie über die Flickr-Homepage mit einem anschließenden Klick auf *Ihr Fotostream*. Haben Sie sich bereits für eine Flickr-Webadresse entschieden, ist Ihre Fotoübersichtsseite unter *http://flickr.com/photos/IHR-NAME* verfügbar. *IHR-NAME* muss natürlich durch den von Ihnen gewählten Namen ersetzt werden.

Je nach Geschmack können Sie das Erscheinungsbild der ersten Seite des Fotostreams ändern. Scrollen Sie dazu bis an das Ende der Seite und klicken Sie dann auf den Link, der Ihnen das Ändern des Layouts der Seite anbietet.

Im Grunde genommen müssen Sie entscheiden, ob Sie Ihren Besuchern und sich selbst am Anfang lieber viele kleine Bilder präsentieren möchten oder ob Sie auf große Aufnahmen auch schon auf

Ihrer ersten Fotostream-Seite Wert legen. Kleine Bilder haben den Vorteil, dass sie gleich einen umfangreicheren und vielfältigeren Eindruck Ihrer Fotoarbeiten vermitteln. Allerdings geht bei der Darstellung mit kleineren Bildern der Detailreichtum und die Qualität von Fotos und auch Videos verloren. Man sieht daher sehr oft, dass Privatnutzer eher die Übersicht mit kleinen Bildern und Fotografen gern die Darstellung mit großen Bildern verwenden.

Eine kleine Darstellung Ihres Fotostreams findet sich wahlweise auch auf der Startseite, kann dort aber gegen das Aktivitätsmodul ausgetauscht werden.

Fotos und Videos in einer Diashow präsentieren

Auf jeder Seite eines Fotostreams sowie auch auf jeder Seite eines Fotoalbums (dazu später mehr) finden Sie im oberen rechten Bereich einen Link zur *Diashow*. Die Diashow ist mit Sicherheit eine der schönsten Funktionen, die Flickr zu bieten

Diashow mit kleiner Fotoleiste am unteren Rand.

hat – lassen sich doch Ihre Fotos und auch Ihre Videos wie in einer professionellen Bildershow mit sanften Bildübergängen präsentieren.

Je nachdem, ob Sie zur Diashow über einen Link vom Fotostream oder aus einem Album heraus gelangen, wird entweder der gesamte Fotostream oder nur der Inhalt des betreffenden Albums abgespielt.

Nach dem Anklicken von *Diashow* färbt sich das Flickr-Fenster schwarz, und Ihre Fotos und Videos werden nacheinander abgespielt. Welches Foto das nächste in der Reihe ist, sehen Sie in der am unteren Bildschirmrand dargestellten Bilderreihe. Diese Bilderreihe verschwindet aber genau wie alle anderen Steuerungselemente, wenn Sie die Maus in den Darstellungsbereich bewegen und ein paar Sekunden nicht bewegen. Sie erscheinen aber bei jeder Mausbewegung wieder auf dem Bildschirm.

Um Ihre Fotos und Videos Ihren Bekannten oder gar im Rahmen einer professionellen Show Kunden und Geschäftspartnern zu präsentieren, kann man die Diashow auch im Vollbildmodus ablaufen lassen. Hierzu ist einfach auf das Symbol mit den vier auseinanderstrebenden Pfeilen rechts neben der unteren Bilderleiste zu klicken. Um aus dem Vollbildmodus wieder zurückzukehren, drücken Sie die [Esc]-Taste.

Die Bilder und Videos laufen nun mit einer vordefinierten Geschwindigkeit durch. Falls Ihnen die Geschwindigkeit zu schnell oder zu langsam ist, können Sie sie in den Optionen am rechten oberen Bildschirmrand verändern.

Diashow steuern mit Maus oder Tastatur

Die Diashow lässt sich entweder mit der Maus oder mit der Tastatur steuern. Die Tastatursteuerung funktioniert allerdings nur, wenn die Diashow nicht im Vollbildmodus angezeigt wird.

Maussteuerung	
Klick an den linken Bildschirmrand	vorheriges Bild oder Video
Klick an den rechten Bildschirmrand	nächstes Bild oder Video
Klick in die Bildmitte	Bildinformationen anzeigen oder ausblenden
Tastaturbefehle	
[←]	vorheriges Bild oder Video
[→]	nächstes Bild oder Video
[↑]	Bildinformationen einblenden
[↓]	Bildinformationen ausblenden
[Leertaste]	Wiedergabe pausieren oder Wiedergabe fortsetzen
[I]-Taste	Bildinformationen anzeigen oder ausblenden
[M]-Taste	Fotostream öffnen
[P]-Taste	Fotoseite öffnen
[<] und [>]	Beschreibung scrollen

Diashow Freunden und Bekannten zusenden

Falls Sie Ihren Freunden oder Bekannten die Diashow direkt und nicht nur den Link zu Ihrem Fotostream zusenden möchten, können Sie sich die Webadresse unter der Menüoption *Veröffentlichen* in der rechten oberen Bildschirmecke der Diashow holen.

Insbesondere wenn Sie bereits eine Flickr-Webadresse für sich erstellt haben, ist das Schema der Adresse einfach: *www.flickr.com/photos/IHRNAME/show/*.

Falls Sie eine eigene Webseite betreiben, können Sie sich an der gleichen Stelle auch den entsprechenden HTML-Code holen, um diesen in Ihre Seite einzubauen und Ihre Diashow zu veröffentlichen.

Fotos und Videos auf der Detailseite

Von der Fotostream-Seite können Sie nun auf jedes Bild oder Video klicken, um auf dessen Detailseite zu kommen. Hier sehen Sie auf jeden Fall das Bild oder Video in einer größeren Darstellung und haben gleichzeitig Zugriff auf diverse Optionen, um die Daten des Bildes oder das Bild selbst zu ändern.

Strukturierung der Detailseite

Am oberen Rand ist in großen Buchstaben der Titel des Bildes zu sehen. Unterhalb des Titels befindet sich eine Werkzeugleiste, auf die weiter unten eingegangen wird. Anschließend folgt die

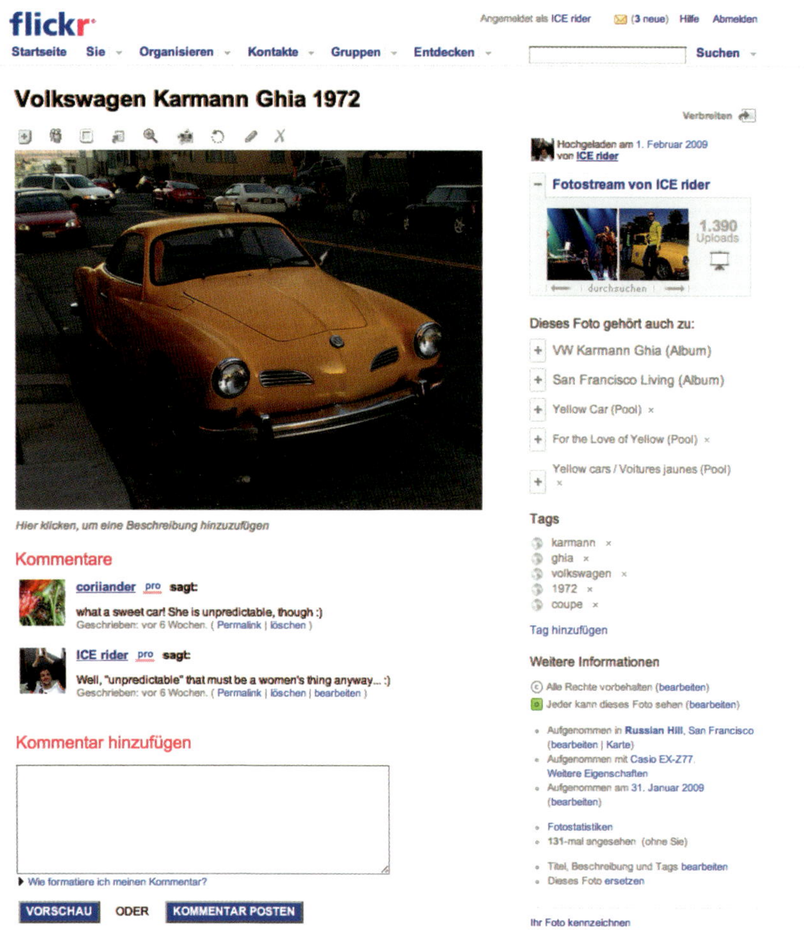

Das Herzstück von Flickr: die Detailseite eines Fotos oder Videos.

Videos werden durch Anklicken des Dreiecks in der Bildmitte gestartet. In den Account-Einstellungen kann man zusätzlich festlegen, ob Videos automatisch gestartet werden sollen.

Darstellung des Bildes oder Videos. Falls es sich um ein Video handelt, müssen Sie auf das Dreieck in der Mitte des Bildes klicken, um das Video wiederzugeben.

Unterhalb des Bildes oder Videos befindet sich ein Beschreibungsfeld, in dem Sie Ihr Kunstwerk näher beschreiben können. Wiederum darunter befindet sich ein Feld für Kommentare, in dem die Besucher Ihrer Bilder ihre Meinung oder Ihnen eine Nachricht zum Bild hinterlassen können.

Auf der rechten Bildschirmseite sehen Sie eine Spalte, die am oberen Ende das Datum anzeigt, an dem das Bild oder Video auf Flickr hochgeladen wurde. Weiterhin sehen Sie den Flickr-Namen des Mitglieds, das den Upload vorgenommen hat. Schauen Sie Ihre eigenen Bilder an, sollte dort Ihr Name stehen. Auf den Namen können Sie klicken, um den Fotostream des Mitglieds zu sehen.

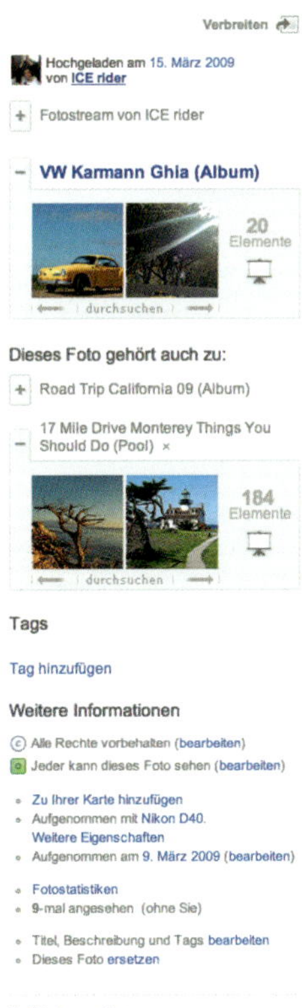

Rechte Seitenleiste einer Bilddetailseite.

Auf jeder Bilddetailseite können Sie zwischen dem vorherigen und dem nächsten Bild blättern.

Ein Bild oder Video ist automatisch immer im Fotostream des Mitglieds zu sehen. Deshalb sehen Sie in der rechten Spalte auch ein kleines Navigationsmodul, das den Fotostream des jeweiligen Mitglieds anzeigt. Ist das Bild in weitere Gruppen oder Alben einsortiert, sehen Sie diese ebenfalls in der Spalte aufgelistet. Alben und Sammlungen werden weiter unten in diesem Kapitel behandelt.

Tags vergeben

Jedes Bild oder Video kann mit sogenannten Tags versehen werden. Tags sind Stichwörter bzw. Begriffe, die Sie mit dem Foto assoziieren. Tags helfen Ihnen, Ihre eigenen Fotos zu organisieren, da sie eine direkte Auswirkung auf die Suchfunktion haben.

Rechtliche Grundlagen

Am unteren Spaltenende befindet sich ein Bereich, der einfach mit *Weitere Informationen* betitelt ist. Dieser beginnt mit der Information dazu, auf welcher rechtlicher Grundlage Ihr Bild bei Flickr verfügbar ist. Standardmäßig gehören Ihnen alle Rechte an Ihrem Inhalt, und dies wird mit © *Alle Rechte vorbehalten* angezeigt.

Zugriffsrechte vergeben

Unter dem nächsten Punkt sehen Sie, wer Ihr Bild oder Video sehen kann. Mit Flickr können Sie einfach und sehr effektiv festlegen, ob jeder Internetnutzer Ihre Inhalte sehen darf oder ob Sie den Zugriff auf Ihre Inhalte auf bestimmte Gruppen einschränken wollen. Diese Gruppen können entweder nur Sie selbst, Ihre Familie oder Ihre Freunde sein. Dem Kontaktmanagement ist das nächste Kapitel im Buch gewidmet.

Geo-Tags hinzufügen

Sie können weiterhin das Bild auf einer Karte platzieren und somit ein sogenanntes Geo-Tag hinzufügen. Ihr Bild erhält somit geografische Koordinaten und kann auf einer Weltkarte angezeigt werden. Dazu sehen Sie, wann das Foto aufgenommen und welche Kamera benutzt wurde. Flickr erkennt den Kameratyp aus den

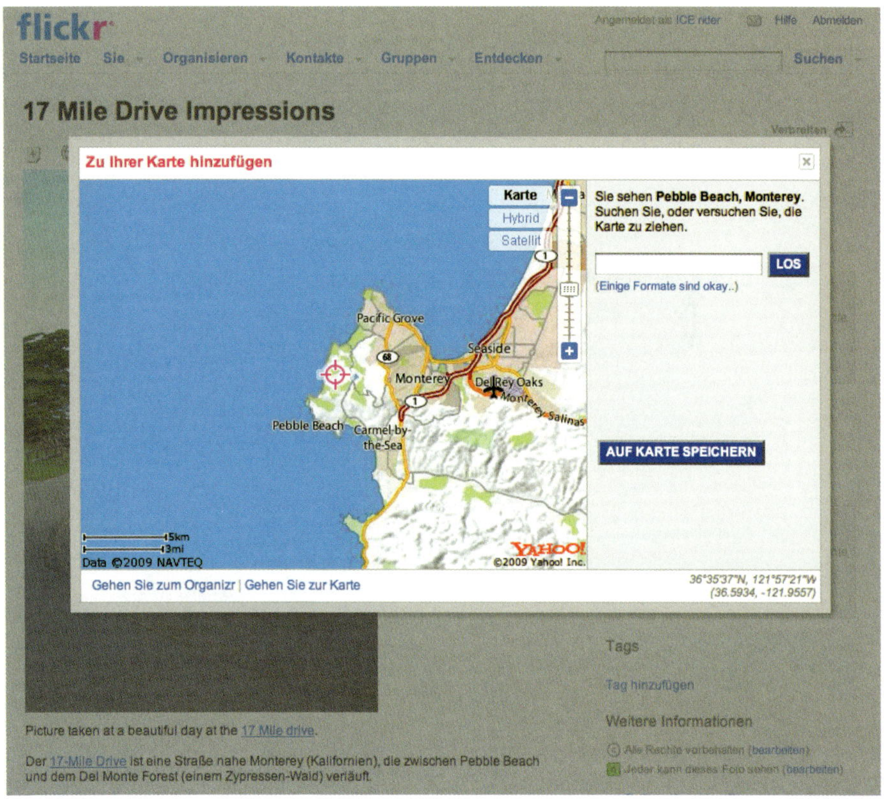

Bild auf einer Karte platzieren und mit Geodaten versehen.

EXIF-Daten, die von den meisten Kameras zusammen mit den Bilddaten abgespeichert werden.

Fotostatistik abrufen

Pro-Benutzer haben von der Spalte aus Zugriff auf ihre Fotostatistiken. Sie sehen, wie oft ein Bild oder Video bereits von anderen Benutzern angesehen wurde. Zum Schluss können Sie Ihr Foto noch markieren und den Inhaltstyp festlegen.

Griffiger Titel, Beschreibung und Tags

Jedem Bild oder Video kann und sollte ein aussagekräftiger Titel zugeordnet werden. Das hilft Ihnen, das entsprechende Bild wiederzufinden, oder auch anderen Flickr-Benutzern, wenn diese nach einem Bild oder Video suchen und Ihr Bild auch gefunden werden soll.

Titel ändern

Um den Titel eines Inhalts zu ändern, klicken Sie einfach auf den Titel der Detailseite. Falls Sie noch keinen Titel vergeben haben, wird in der Regel der von der Kamera vergebene Dateiname angezeigt. Nach dem Anklicken verwandelt sich der Titel in ein Texteingabefeld, in dem Sie die Änderungen vornehmen und mit einem Klick auf *Speichern* sichern können.

Beschreibung festlegen

Was für den Titel gilt, ist auch für die Beschreibung eines Fotos oder eines Videos relevant. In der Beschreibung haben Sie allerdings wesentlich mehr Platz und können genauer auf den Inhalt eingehen, den Sie gerade hochgeladen haben.

Viele Flickr-Nutzer verwenden das Beschreibungsfeld, um anderen Nutzern mitzuteilen,

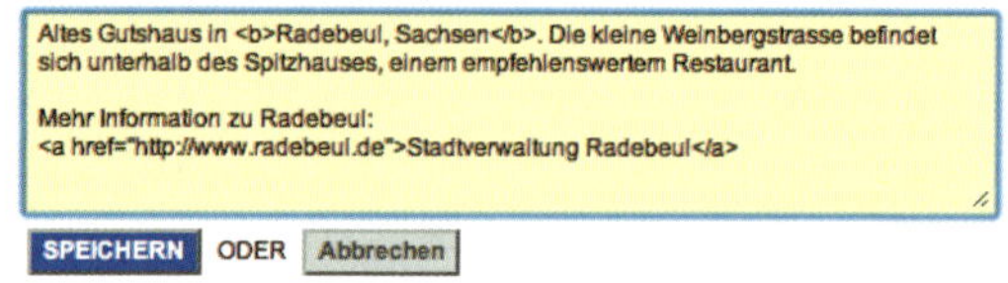

Aus dieser Beschreibung ...

... wird diese Darstellung.

unter welchen Umständen sowie wann und wo das entsprechende Foto oder Video aufgenommen wurde oder was darauf zu sehen ist. In Beschreibungen kann der reine Text auch ein wenig aufgepeppt werden. So ist es möglich, Teile der Beschreibung in fetter oder kursiver Schrift darzustellen.

Den Text, den Sie fett oder kursiv anzeigen möchten, müssen Sie im Beschreibungsfeld in folgende Funktionsklammern packen:

Fettschrift

```
<b>Dieser Text erscheint in fetter
Schrift</b>
```

Kursiv

```
<i>Dieser Text erscheint in kursiver
Schrift</i>
```

Unterstrichen

```
<u>Dieser Text ist unterstrichen</u>
```

Durchgestrichen/als gelöscht markiert

```
<s>Dieser Text ist durchgestrichen.</s>
<del>Dieser Text ist als gelöscht mar-
kiert.</del>
```

Die Klammern bei beispielsweise *<b>* und *</b>* sind der Seitenbeschreibungssprache HTML entliehen, einer Technik, mit der das Aussehen von Internetseiten beschrieben wird.

Weiterhin kann eine Beschreibung auch Links zu anderen Webseiten und somit zu Flickr-Seiten enthalten. Einen Link zu einer anderen Seite können Sie einfach von der Adressleiste Ihres Browsers in das Beschreibungsfeld kopieren. Flickr macht dann automatisch einen Link zu dieser Seite aus einer eingegebenen Internetadresse, wie beispielsweise *www.flickr.com/groups/oldtimer/pool/*.

Sie können die HTML-Befehle auch für Verlinkungen verwenden. In diesem Fall würden Sie eingeben:

```
Bilder von mir finden Sie auch
<a href=”http://www.flickr.com/
groups/oldtimer/pool/”>hier</a>.
```

Hinter *href="* geben Sie die Webadresse ein, zu der Sie verlinken möchten. Dann schließen Sie die Funktion mit "> und geben den Text ein, der als Link unterlegt werden soll. Anschließend müssen Sie die gesamte Funktion noch mit *</a>* beenden. Die oben dargestellte Funktion wird als Beschreibung so dargestellt:

```
Bilder von mir finden Sie auch hier.
```

Das Wort „hier“ wäre als Link ausgezeichnet, und wenn ein Nutzer darauf klickt, würde er zur Seite *www.flickr.com/groups/oldtimer/pool* verwiesen werden.

Im Gegensatz zu Kommentaren können in den Beschreibungen eines Bildes oder Videos keine Bilder angezeigt werden. Mehr zu Kommentaren finden Sie im Abschnitt „Fotos und Videos kommentieren“ in diesem Kapitel.

Tags

Während Bildtitel und Bildbeschreibung noch relativ selbsterklärend sind, werden Sie von Tags möglicherweise noch nicht viel gehört haben. Tags sind als Stichwörter zu Ihrem Foto oder Video zu verstehen. Tags spielen bei der Suche nach Fotos oder Videos eine große Rolle und ermöglichen es Ihnen, Fotos zu einem bestimmten Begriff oder zu einem gewünschten Anlass

Sie können entweder neue Tags eingeben oder aus bereits verwendeten Tags wählen.

herauszusuchen, ohne dass diese Fotos sich alle in einzelnen Fotoalben befinden müssen.

Ein Bild Ihres letzten Ausflugs nach San Francisco, als Sie vor der Golden Gate Bridge standen, können Sie beispielsweise mit den Tags „san francisco", „golden gate", „kalifornien", „usa", „pazifik", „segelboote" versehen. Die Tags „san francisco" und „golden gate" müssen in Anführungszeichen gepackt werden, da Flickr sonst die einzelnen Wörter als einzelne Tags ansehen würde. Dieses Bild können Sie beispielsweise in ein Fotoalbum namens „Sommerurlaub USA" einfügen.

Wenn Sie nun einige Wochen später auf der Suche nach allen Ihren Fotos sind, auf denen Sie Segelboote verewigt haben, können Sie mit der Flickr-Suchfunktion in Ihren eigenen Bildern nach dem Tag „segelboote" suchen. Da Sie Ihr Bild vorbildlich mit dem entsprechenden Tag versehen haben, wird es mit all den anderen Bildern, die Sie mit dem gleichen Tag versehen haben, wieder auftauchen.

Somit dienen Tags der Kategorisierung, ähnlich wie Fotoalben, sind aber wesentlich flexibler, wenn Sie spezifisch nach einem bestimmten Inhalt suchen.

Sie können Tags Ihren Inhalten kurz nach dem Hochladen hinzufügen oder später über die Detailseite eines Bildes oder Videos. Die zu einem Inhalt gehörenden Tags werden auf der Detailseite unter den Alben und Gruppen unter dem gleichnamigen Begriff angezeigt. Wenn Sie auf *Tag hinzufügen* klicken, öffnet sich ein kleines Texteingabefeld, in das Sie munter hineinschreiben können.

Dabei wird jedes einzelne Wort, das nicht in Anführungsstrichen steht, als einzelnes Tag angesehen. Falls ein Tag aus zwei oder mehr Wörtern besteht, müssen Sie diese in Anführungszeichen setzen.

Alle bislang von Ihnen verwendeten Tags sind über den Link *Aus Tags wählen* unterhalb des Texteingabefelds abrufbar. Dies ist besonders sinnvoll, wenn Sie sich nicht mehr sicher sind, welches Tag Sie für eine bestimmte Sache ver-

Maschinelle Tags

Viele Internetseiten bieten sogenannte maschinelle Tags für Flickr an, um eine Verlinkung zwischen der bestimmten Internetseite und Flickr herzustellen und Informationen auszutauschen. Um dies besser zu verstehen, probieren Sie doch einmal Folgendes:

Gehen Sie auf die Seite *www.lastfm.de,* ein soziales Netzwerk für Musikliebhaber. Eine der Hauptfunktionen von Last.fm ist beispielsweise die Anzeige, welche Konzerte in Ihrer Nähe in der nächsten Zeit stattfinden. Klicken Sie bei Last.fm auf irgendeines der unter *Events* gelisteten Konzerte. Auf der Detailseite eines Konzerts finden Sie einen mit *Fotos* betitelten Bereich. Dieser Bereich ist üblicherweise vor dem Konzert leer, gibt den Benutzern aber ein maschinelles Tag für Flickr.

Wenn Last.fm-Nutzer auf dieses Konzert gehen, Fotos aufnehmen, diese bei Flickr hochladen und dann mit dem angezeigten maschinellen Tag (beispielsweise *lastfm:event=882088*) versehen, werden diese Fotos bei Last.fm angezeigt, wobei der Konzertgänger die Fotos bei Last.fm nie selbst hochladen musste. Auf der anderen Seite wird das Foto bei Flickr mit einem Link zu der Konzertseite versehen, sodass Flickr-Benutzer auch zu der entsprechenden Konzertseite bei Last.fm gelangen können.

Last.fm ist hier nur ein Beispiel, Sie können diese maschinellen Tags bei zahlreichen Seiten im Internet finden.

wendet haben, und kein neues Tag einführen möchten.

Fotos auf der Detailseite drehen oder löschen

Auf der Detailseite eines Bildes können Sie dieses auch drehen und löschen. Drehen ist dann sinnvoll, wenn Sie die Kamera bei der Aufnahme nicht richtig gehalten haben und das Foto statt im Hochformat nun im Querformat bei Flickr erscheint.

Bilder drehen

Um ein Bild zu drehen , müssen Sie nur auf das kleine Pfeilsymbol in der Werkzeugleiste klicken. Es öffnet sich ein kleines Dialogfenster, in dem Sie das derzeit angezeigte Bild entweder im Uhrzeigersinn oder entgegen dem Uhrzeigersinn drehen können. Ein kleines Vorschaubild zeigt Ihnen an, wie das Bild gedreht wurde. Sind Sie zufrieden, können Sie das Dialogfenster mit *OK* schließen. Flickr berechnet das neu ausgerichtete und gedrehte Bild und stellt es nach einer kurzen Wartezeit dar.

Bilder drehen.

Nur Bilder lassen sich drehen

Sie können übrigens nur Bilder drehen. Bei hochgeladenen Videos wird diese Funktion nicht angeboten.

Um ein Bild nur leicht zu drehen, um es beispielsweise gerade zu richten, verwenden Sie besser die Bildbearbeitungsfunktionen, die Flickr in Zusammenarbeit mit Picnik anbietet. Diese werden detailliert im Abschnitt „Fotos in Flickr mit Picnik bearbeiten" bei den Tipps & Tricks beschrieben.

Bilder löschen

Zum Löschen eines Bildes oder Videos brauchen Sie nur auf das kleine X-Symbol in der Werkzeugleiste zu klicken. Sie werden sicherheitshalber noch einmal gefragt, bevor der Inhalt endgültig aus Ihrem Fotostream gelöscht wird.

Fotos in unterschiedlichen Größen sehen und herunterladen

Flickr speichert die Bilder immer in der hochgeladenen Größe. Als zahlendes Pro-Mitglied haben Sie auch immer auf diese volle Größe Zugriff und können Flickr somit als eine Art Datensicherungssystem für Ihre Fotos und Videos verwenden. Nicht zahlende Standardnutzer haben – je nach Bildgröße des Originalbildes – möglicherweise keinen Zugriff auf die Originaldaten.

Insbesondere bei Bildern, die mit einer hohen Anzahl von Megapixeln aufgenommen wurden

Weitere Größen eines Bildes aufrufen.

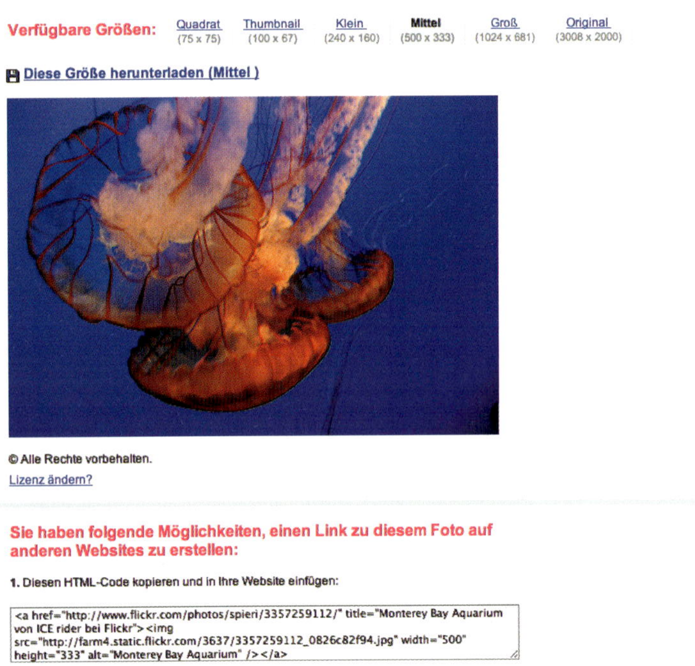

Ansicht der verfügbaren Größen mit Download-Möglichkeit.

und somit sehr groß sind, wünscht man sich manchmal eine kleinere Darstellung. Die Detailseite eines Bildes enthält ja auch nicht die Originalgröße eines Bildes. Mit einem Klick auf das Lupensymbol in der Werkzeugleiste haben Sie aber Zugriff auf viele verschiedene Größen des aktuellen Bildes.

Als Pro-Mitglied haben Sie Zugriff auf die folgenden Größen (die verwendeten Pixelgrößen entsprechen einem Originalbild mit 6 Megapixeln):

Bild	*Pixel*
Original	3.008 x 2.000
Groß	1.024 x 681
Mittel	500 x 333
Klein	240 x 160
Thumbnail	100 x 67
Quadrat	75 x 75

Diese verschiedenen Bildgrößen werden bereits kurz nach dem Hochladen eines Bildes angelegt und sind immer verfügbar. Klicken Sie einfach mit der Maus auf die verfügbaren Größenanga-

Fertigen HTML-Code nutzen

Falls Sie eine eigene Webseite besitzen, können Sie auch für die jeweilige Bildgröße fix und fertigen HTML-Code weiter unten auf der Seite erhalten, den Sie nur noch in Ihre eigene Webseite kopieren müssen. Diesen HTML-Code können Sie ebenfalls in den meisten großen sozialen Netzwerksites wie Facebook oder MySpace verwenden, wenn Sie dort eines Ihrer Fotos sichtbar machen wollen. Wichtig ist in diesem Fall nur, dass Sie immer einen Link zurück zur Originalseite auf Flickr setzen. Wenn Sie den vorgefertigten Code aber einfach von der Seite abgreifen und kopieren, ist dieser Link bereits in dem Code enthalten.

ben, um das Bild in der jeweiligen Größe anzusehen.

Über den Link *Diese Größe herunterladen* können Sie das aktuell angezeigte Bild auf Ihren Computer herunterladen.

Über *Zurück zur Flickr-Fotoseite* gelangen Sie zur Detailseite Ihres Fotos zurück. Wie auch die Drehfunktion ist die Seite für unterschiedliche Bildgrößen nur für Bilder, jedoch nicht für Videos verfügbar.

Fotos mit Notizen versehen

Fotos können nicht nur insgesamt mit einer Beschreibung versehen werden, sondern es können auch Teile eines Bildes mit einer Notiz hervorgehoben werden. Dies können Sie beispielsweise auf eigenen Bildern dazu nutzen, auf ein Detail im Bild hinzuweisen, oder auf anderen Bildern anwenden – soweit es das andere Mitglied erlaubt –, um auf Einzelheiten des Bildes aufmerksam zu machen.

Eine Notiz fügen Sie einfach über das *Notiz hinzufügen*-Symbol aus der Werkzeugleiste hinzu. Nachdem Sie das Symbol angeklickt haben, sehen Sie ein kleines Rechteck auf dem Bild. Dieses Rechteck können Sie in Größe und Form verändern und an die richtige Stelle schieben. Sobald Sie dies getan haben, können Sie in das Texteingabefeld den Text Ihrer Notiz eingeben und mit *Speichern* sichern.

Notizen werden nur auf der Detailseite eines Bildes angezeigt. Wenn Sie bei einem Bild die Option *Alle Größen* wählen (ebenfalls ein Symbol aus der Werkzeugleiste), werden dort die Notizen nicht mehr angezeigt.

Mit *Notizen* können Sie bestimmte Bereiche eines Bildes kommentieren und hervorheben.

Nachdem eine Notiz gespeichert ist, kann man den Text sehen, wenn man mit der Maus auf den entsprechenden Bereich geht.

Unter den Einstellungen zur Privatsphäre können Sie übrigens festlegen, wer Notizen auf Ihren Fotos hinzufügen darf. Dies können entweder alle Flickr-Benutzer sein, alle Ihre Kontakte, Ihre Freunde und Familie oder auch nur Sie allein. Die Einstellungen finden Sie im Hauptmenü unter *Sie/Ihr Account* und dort in den Einstellungen zu *Datenschutz und Berechtigungen.*

Fotos und Videos kommentieren

Neben Notizen können Sie Inhalten auch Kommentare hinzufügen. Während Sie Notizen bei Fotos verwenden, um bestimmte Bilddetails anzusprechen und hervorzuheben, können Sie das Notizfeld dazu nutzen, einen Kommentar zum gesamten Inhalt abzugeben.

Das Kommentarfeld befindet sich unterhalb der Beschreibung eines Fotos oder Videos und ist deutlich mit *Kommentar hinzufügen* gekennzeich-

Kommentare unter einem Bild. Kommentare können auch selbst Bilder enthalten.

Form des Kommentartextes

Ihr Kommentartext muss nicht nur reiner Text sein, sondern kann mit einigen wenigen Befehlen auch formatiert und sogar mit Bildern und Logos versehen werden.

net. Um einen Kommentar abzugeben, schreiben Sie einfach Ihren Text in das gut sichtbare Kommentarfeld und klicken entweder auf *Vorschau*, um eine Vorschau zu sehen, oder auf *Kommentar posten*, um den Kommentar dem Bild oder Video endgültig hinzuzufügen.

Flickr-Bilder in einen Kommentar einfügen

Um ein vorhandenes Flickr-Bild – es muss nicht unbedingt von Ihnen sein – einem Kommentar hinzuzufügen, müssen Sie nur die Flickr-Webadresse des Bildes aus dem Browserfenster kopieren und in eckige Klammern packen. Flickr lädt dann das Bild automatisch und passt die Größe für das Kommentarfeld an.

Ein Beispiel:

```
[http://www.flickr.com/photos/spieri/
3350169345]
```

Flickr zeigt natürlich nicht nur das Bild an, sondern fügt der Detailseite des Bildes oder Videos auch einen Link hinzu, sodass jeder, der auf das Bild im Kommentar klickt, auch auf die Originalseite des Bildes gelangt.

Ein Buddy-Icon eines Benutzers in einen Kommentar einfügen

Analog zu einem Flickr-Bild können Sie auch das Buddy-Icon eines anderen Benutzers oder Ihr eigenes in einen Kommentar einfügen. Verwenden Sie dafür den folgenden Beispielcode und tauschen Sie *Beispielname* mit dem Flickr-Namen des Benutzers aus, dessen Buddy-Icon Sie im Kommentar anzeigen wollen.

Ein Beispiel:

```
[http://flickr.com/photos/beispielname/]
```

Ähnlich wie bei einem Flickr-Foto fügt Flickr auch hier automatisch einen Link bzw. ein kleines Optionsmenü hinzu, in dem der Betrachter bei Anklicken des Buddy-Icons im Kommentar beispielsweise auswählen kann, ob er den Fotostream des Benutzers sehen oder den Benutzer sogar als Kontakt hinzufügen möchte.

Ein Album mithilfe eines Symbols in einem Kommentar anzeigen und verlinken

Auch ein ganzes Fotoalbum können Sie mit seinem Symbol in einem Kommentar anzeigen. Das Schema entspricht den vorherigen Funktionen.

Ein Beispiel:

```
[http://www.flickr.com/photos/spieri/
sets/72157613254522134/]
```

Auch hier wurde einfach die Webadresse eines Albums in eckige Klammern gesetzt. Den Rest der Darstellung übernimmt dann Flickr wieder automatisch.

Ein Bild von einer anderen Webseite in einen Kommentar einbinden

In Kommentare können nicht nur Bilder eingebunden werden, die auch auf Flickr hochgeladen wurden, sondern Sie haben ebenfalls die Möglichkeit, Bilder in Ihren Kommentaren zu verwenden, die sich gar nicht auf Flickr befinden und somit keine Flickr-Webadresse haben.

Um dies zu tun, müssen Sie in die HTML-Trickkiste greifen und den HTML-Befehl zum Anzeigen von Bildern verwenden:

```
<img src="">
```

Geben Sie in die Anführungszeichen hinter dem Attribut *src* die Webadresse des gewünschten Bildes ein. Wer in HTML etwas bewandert ist, kann mit den weiteren erlaubten Attributen *width*, *height*, *alt* und *title* noch die Zielgröße des Bildes und einen Alternativtext sowie einen Titel für das Bild angeben.

Weitere Formatierungsbefehle

Alle anderen bereits vorgestellten HTML-Befehle, mit denen Sie die Beschreibung eines Bildes oder Videos aufpeppen können, finden auch bei der Formatierung eines Kommentars Anwendung. Sie können beispielsweise Kommentare mit Links versehen sowie Textteile fett, kursiv, unterstrichen oder durchgestrichen darstellen. Blättern Sie dafür ein paar Seiten zurück und schauen Sie, wo auf die Beschreibung eines Bildes oder Videos eingegangen wird.

Ein weiterer Befehl, der nicht bei Beschreibungen funktioniert, kann in Kommentaren verwendet werden: *<blockquote>*. Nutzen Sie ihn, um einen Textblock etwas eingerückt darzustellen, beispielsweise wenn Sie die Beschreibung oder den Kommentar eines anderen Nutzers in Ihrem Kommentar zitieren wollen.

Ein Beispiel:

```
<blockquote>
Eingerückter Text
</blockquote>
```

Wenn Sie dieses Buch einmal nicht zur Hand haben, Ihren Kommentar aber mit einigen der Befehle verschönern wollen, können Sie auch auf den Link *Wie formatiere ich meinen Kommentar?* unterhalb des Texteingabefelds klicken, um eine Übersicht über die hier beschriebenen Formatierungsmöglichkeiten zu erhalten.

Fototyp festlegen und Inhalte kategorisieren

Flickr ist eine offene Fotogemeinschaft. Jeder kann sich bei Yahoo! anmelden und bei Flickr Bilder und Videos hochladen und veröffentlichen. Dabei können Sie oder andere auch Inhalte auf Flickr stellen, die für Sie oder für andere möglicherweise nicht akzeptabel sind.

Aus diesem Grund müssen Sie als Flickr-Benutzer dafür sorgen, das Ihre Inhalte richtig kategorisiert sind. Diese Kategorisierung können Sie über jede Detailseite unter dem Link *Ihr Foto kennzeichnen* vornehmen. Die gleiche Funktion ist auch im weiter unten beschriebenen Organizr verfügbar.

Als Flickr-Nutzer müssen Sie Ihr Foto in folgende Kategorien einteilen:

Sicherheitsstufen

- *Sicher*: Ihre Inhalte sind unbedenklich und für ein breites und öffentliches Publikum geeignet. Diese Sicherheitsstufe ist die Standardeinstellung. Bitte denken Sie daran, dass diese Stufe nie für Bilder verwendet werden sollte, die beispielsweise Kinder nicht sehen sollten.

- *Mittel*: Falls Sie denken, dass Sie die Bilder eigentlich einem breiten öffentlichen Publikum zugänglich machen können, sich jedoch nicht ganz sicher sind, sollten Sie lieber diese Stufe wählen.

- *Eingeschränkt*: Hier befinden sich alle Inhalte, die Kinder nicht sehen sollten und die nicht einem breiten öffentlichen Publikum zugänglich gemacht werden sollten.

Inhaltstypen

- *Fotos/Videos*: Dieser Inhaltstyp ist standardmäßig eingestellt und soll verwendet werden, wenn Sie fotografische Aufnahmen oder Videos von einer Digitalkamera oder Videokamera hochladen.

- *Illustrationen, Kunst, Animationen, Computergrafiken*: Kategorisieren Sie alle nicht fotografischen Bilder mit diesem Inhaltstyp.

- *Screencasts/Screenshots*: Falls Sie ein Bildschirmfoto von einem Computerprogramm oder einer Website hochladen, können Sie das ohne Probleme tun, müssen aber diesen Inhaltstyp auswählen.

Vielleicht werden Sie sich fragen, warum das sein muss, aber diese Angaben sind ungemein wichtig. Der Inhaltstyp beeinflusst die Suchfunktion von Flickr. Wenn Sie beispielsweise nach „Hotel California" suchen, erwarten Sie bei einer Fotosuche sicher keine Bildschirmfotos einer Hotel-California-Webseite, sondern Fotos des Hotels. Werden Websites in den richtigen Inhaltstyp einsortiert, passieren hier keine Fehler.

Der Sicherheitsfilter ist eigentlich selbsterklärend. Wenn Ihre Kinder auf Flickr nach Fotos suchen, möchten Sie sie sicherlich vor dem Anblick nackter Tatsachen oder blutiger Körperteile bewahren. Markieren Sie daher Ihre Bilder, sobald Sie Inhalte hochladen, die eine entsprechende Kategorisierung benötigen.

Flickr-Einstufung der Mitgliederkonten

Flickr ist eine sehr offene Gemeinschaft, und dennoch braucht eine offene Gemeinschaft etwas Kontrolle. Flickr-Mitarbeiter überprüfen von Zeit zu Zeit die Mitgliederkonten darauf, ob die darin enthaltenen Fotos richtig eingestuft sind. Da Flickr aber eben eine Gemeinschaft ist, sind auch die Meinungen anderer Flickr-Mitglieder über Ihren Account wichtig und wirken sich auf die Einstufung aus. Ist eine Einstufung erfolgt, ist Ihr Konto:

- *Sicher*: Das ist die Einstufung, die Sie anstreben sollten und die Sie auch bekommen, wenn Sie Ihre Bilder und Videos richtig kategorisieren.

- *Mittel*: Falls Sie diese Einstufung erhalten, haben sich sehr wahrscheinlich ein paar Flickr-Benutzer über die Inhalte beschwert. Eine mittlere Einstufung bedeutet, dass Sie in der Regel Ihre Inhalte gut einsortieren, es wohl aber die eine oder andere Ausnahme gibt. Gehen Sie in diesem Fall noch einmal durch Ihre Inhalte, überprüfen Sie die Kategorisierungen und beantragen Sie eine Neueinstufung über *Hilfe* und *Kontaktaufnahme* von der Flickr-Startseite.

- *Eingeschränkt*: In diesem Fall haben sich wahrscheinlich viele Flickr-Mitglieder über die bei Ihnen als öffentlich sichtbaren Inhalte beschwert oder sogar Ihren Account für sich blockiert, und Flickr-Mitarbeiter sind auf Sie aufmerksam geworden. Das heißt im Klartext: Ihre hochgeladenen Inhalte müssen dringend neu kategorisiert werden. Anschließend können Sie ebenfalls über *Hilfe/Kontaktaufnahme* auf der Flickr-Startseite eine Neueinstufung beantragen.

Sonderfall Deutschland

Die Übersetzung von Flickr in die deutsche Sprache sollte damals groß gefeiert werden, doch gerade in Deutschland ging die Feier ein wenig schief. Neben der deutschen Sprache wurde auch ein für Deutschland und noch ein paar andere Länder spezifischer Inhaltsfilter eingeführt. Eine Protestwelle ging damals durch das Netz, da Flickr-Mitglieder mit einer Yahoo!-ID aus Deutschland, Hongkong, Singapur oder Korea nur Inhalte sehen können, die entweder als *Sicher* oder *Sicher* und *Mittel* eingestuft sind. Alle Inhalte und auch Profile, die vom Fotografen oder von Flickr als *Eingeschränkt* eingestuft wurden, sind für die Benutzer aus diesen Ländern nicht verfügbar, und Sie erhalten eine dementsprechende Seite angezeigt.

Flickr begründet diesen Schritt mit der deutschen Gesetzeslage und konnte trotz massiver Proteste der Benutzer die Sonderbehandlung nicht ändern und diese Einschränkung nicht aufheben.

Beschreibung der Kamera-EXIF-Daten

Die meisten Kameras speichern neben den reinen Bilddaten auch Zusatzinformationen wie das Aufnahmedatum, die Aufnahmezeit, den Aufnahmemodus und viele weitere Daten. Diese Informationen werden im sogenannten EXIF-Format (Exchangeable Image File Format) abgespeichert und beinhalten meistens folgende Werte:

- Kameramodell (Herstellername und Modellname)
- Version der Kamerasoftware (Firmwareversion)

- Datum und Uhrzeit
- Orientierung (Hoch- oder Querformat)
- Belichtungszeit
- Brennweite
- Blendeneinstellung
- Lichtempfindlichkeitswert (ISO-Wert)
- Vorschaubild (auch Thumbnail genannt)
- GPS-Koordinaten (wenn die Kamera mit einem GPS-Chip ausgestattet ist)

Um zu sehen, welche Werte Ihre Kamera abspeichert, müssen Sie nur auf die Detailseite eines Bildes gehen und in der rechten Spalte unter *Weitere Informationen* den Namen Ihrer Kamera suchen. Neben dem Kameranamen befindet sich ein Link, der mit *Weitere Eigenschaften* beschriftet ist. Klicken Sie auf diesen, um zur Übersichtsseite der EXIF-Daten zu gelangen.

Standardmäßig ist bei Flickr eingestellt, dass die EXIF-Daten mit abgespeichert und angezeigt werden. Falls Ihnen diese Werte zu persönlich sind, können Sie sie in den Datenschutzeinstellungen auch ausblenden lassen. Die Datenschutzeinstellungen finden Sie im Hauptmenü unter *Sie/Ihr Account* unter dem Link *Datenschutz und Berechtigungen.*

Fotos und Videos als Favoriten markieren

Wenn Sie beim Stöbern auf Flickr auf Aufnahmen anderer stoßen, die Ihnen unglaublich gut gefallen, fangen Sie gar nicht erst damit an, sich den Titel des Bildes merken zu wollen, um es anschließend wiederzufinden. Bei Milliarden von Bildern wird dies trotz einer sehr guten Suchfunktion ein eher schwieriges Unterfangen.

Für diesen Zweck hat Flickr eine Funktion eingerichtet, mit der Sie Bilder oder Videos anderer Benutzer als Favoriten markieren können. Diese Option steht bei Ihren eigenen Bildern nicht zur Verfügung, jedoch bei den Uploads anderer Flickr-Mitglieder.

Sind Sie auf der Detailseite eines Bildes oder Videos, können Sie über das Favoritensymbol in der Werkzeugleiste eine Aufnahme in die Liste Ihrer Favoriten aufnehmen.

Entscheiden Sie sich einmal anders oder ändert sich Ihr Geschmack, können Sie ein als Favorit gekennzeichnetes Bild auf dem gleichen Weg auch wieder aus Ihrer Favoritenliste entfernen.

Alle von Ihnen als Favoriten gewählten Bilder können Sie über das Hauptmenü unter *Sie/Ihre Favoriten* abrufen.

Aufgenommen
12. März 2009 um 9.19am PDT

In Flickr gepostet
15. März 2009 um 3.46pm PDT

Datumsangaben des Fotos bearbeiten

Was sind EXIF-Daten?

Fast alle neuen Digitalkameras speichern JPEG-Dateien im EXIF-Format (Exchangeable Image File). Kameraeinstellungen und Informationen zur Aufnahmesituation werden von der Kamera in die Bilddatei gespeichert. Zu den gespeicherten Informationen gehören beispielsweise Verschlusszeit, Datum und Uhrzeit, Brennweite, Belichtungskorrektur, Blitzmessung und die Information, ob ein Blitz verwendet wurde.

Quelle: Digicamhelp.

Ein Hinweis von Flickr:
Einige der EXIF-Daten sind momentan nur auf englisch verfügbar.

Kamera:	**Nikon D40**
Belichtung:	**0,002 sec (1/500)**
Blende:	**f/11.0**
Brennweite:	**28 mm**
Brennweite:	**28.3 mm**
ISO-Empfindlichkeit:	200
Belichtungskorrektur:	0 EV
Blitz:	Off
File Size:	1633 kB
File Type:	JPEG
MIME Type:	image/jpeg
Image Width:	3008
Image Height:	2000
Encoding Process:	Baseline DCT, Huffman coding
Bits Per Sample:	8
Color Components:	3
Orientation:	Horizontal (normal)
X-Resolution:	300 dpi
Y-Resolution:	300 dpi
Software:	Ver.1.10
Date and Time (Modified):	2009:03:12 09:19:09
YCbCr Positioning:	Co-sited
Exposure Program:	Not Defined

Ausschnitt aus den verfügbaren EXIF-Daten einer Nikon-D40-Digitalkamera.

Einen Strandkorb in die eigenen Favoriten mit aufnehmen.

Wenn Sie eine Aufnahme eines anderen Mitglieds als Favorit für sich kennzeichnen, sieht das andere Mitglied diese Aktion in der Liste der letzten Aktivitäten auf der Flickr-Startseite. Diese Benachrichtigung bekommen auch Sie, wenn ein anderes Mitglied eines Ihrer Bilder als besonders gut empfindet und in seine Favoritenliste mit aufnimmt.

Wie schon am Anfang des Buchs besprochen, verwendet Flickr einen durchdachten Algorithmus, um interessante Bilder zu bestimmen und diese beispielsweise im *Entdecken*-Bereich anzuzeigen. Wenn Aufnahmen von vielen Mitgliedern als Favoriten gespeichert werden, hat dies auch Auswirkungen auf den sogenannten *Interesting*-Faktor.

Fotos oder Videos suchen und finden

Insbesondere wenn Sie viele Aufnahmen auf Flickr hochladen, werden Sie mit der Zeit eventuell Schwierigkeiten bekommen, alle Ihre Fotos und Videos durch einfaches Blättern in Ihrem Fotostream wiederzufinden.

Arbeiten mit der Suchfunktion

Flickr bietet glücklicherweise eine sehr leistungsstarke Suchfunktion, mit der Sie nicht nur Flickr generell nach guten Aufnahmen durchsuchen können, sondern die sich auch noch mit diversen Filtern versehen lässt.

Eigene Aufnahmen finden

Um eigene Bilder oder Videos zu finden, wechseln Sie einfach in Ihren Fotostream und geben in das rechts oben befindliche Suchfeld einen oder mehrere Suchbegriffe ein. Im Suchfeld ist jetzt vermerkt, dass Sie nur Ihren eigenen Fotostream durchsuchen.

Auf nahezu jeder Flickr-Seite finden Sie in der oberen rechten Ecke ein Suchfeld. Dieses Feld sucht meistens in dem Kontext der Seite, auf der Sie sich gerade befinden. Schauen Sie sich beispielsweise Ihren eigenen Fotostream an, würde eine Eingabe in das Suchfeld eine Suche nach Ihren eigenen Bildern und Videos veranlassen. Sind Sie gerade auf der Seite, auf der Sie eine Übersicht über die neuesten Aufnahmen Ihrer Kontakte sehen, würde eine Suche im bespro-

Suchfeld mit ausklappbarem Menü.

Suchseite mit vielen Optionen.

chenen Suchfeld die Fotos Ihrer Kontakte durchsuchen.

Neben dem Suchfeld und dem Begriff *Suchen* befindet sich jedoch ein kleiner Pfeil, der wiederum ein Untermenü öffnet. Über dieses Untermenü können Sie genau festlegen, in welchem Bereich der Seite und wonach gesucht werden soll.

Flickr erstellt automatisch ein chronologisches Archiv Ihrer Aufnahmen.

Falls Sie mehr Suchoptionen benötigen, können Sie auch auf den *Suchen*-Link neben der Texteingabebox klicken, ohne etwas eingegeben zu haben. Sie sehen nun die Flickr-Suchseite, auf der Sie nicht nur nach Bildern und Videos, sondern auch nach Personen und Gruppen suchen können.

Auf der Suchseite finden Sie auch einen Link, der mit *Erweiterte Suche* beschriftet ist. In der erweiterten Suche lassen sich die Suchoptionen noch wesentlich genauer definieren. So können Sie beispielsweise nach einem bestimmten Inhaltstyp (Screenshot, Foto, Illustration), nach Aufnahmen, die Sie kommerziell nutzen können, oder auch nach Fotos oder Videos aus einem bestimmten Zeitraum suchen.

Ein Blick in Ihr Archiv

Obwohl Sie verschiedene Alben und Sammlungen bei Flickr anlegen können, müssen Sie diese nicht nach Monaten oder Jahren ordnen. Das macht Flickr automatisch für Sie.

Nachdem Sie einige Bilder hochgeladen haben, sollten Sie einmal im Hauptmenü auf *Sie/Ihre Archive* klicken. Was Ihnen dann dargestellt wird, ist eine chronologisch nach Jahren und Monaten aufgeschlüsselte Liste Ihrer Aufnahmen im Fotostream. Dabei sehen Sie eine Liste, die nach dem Aufnahmedatum der Bilder oder Videos geordnet ist, und eine weitere, die nach dem Datum sortiert ist, an dem Sie die Inhalte auf Flickr hochgeladen haben.

Klicken Sie entweder auf ein Jahr oder auf einen Monat, um alle in diesem Monat aufgenommenen oder hochgeladenen Inhalte zu sehen. Dabei können Sie zwischen vier verschiedenen Darstellungen am oberen Bildschirmrand wählen.

Kalenderansichten

Meistens landen Sie automatisch in der Kalenderansicht, wenn Sie auf eine Jahreszahl oder auf einen Monat in der Archivansicht klicken. Flickr zeigt Ihnen, je nach Auswahl, entweder den Kalender des betreffenden Jahres oder des Monats. Sie sehen, wie viele Bilder in einem bestimmten Monat aufgenommen bzw. hochgeladen wurden, und können auf die einzelnen Tage eines Monats klicken, um zu sehen, welche Bilder an diesem Tag den Weg in Ihre Kamera respektive zu Flickr gefunden haben.

Wenn Sie auf einen bestimmten Tag im Kalender klicken, erhalten Sie eine Listendarstellung aller Bilder für diesen Tag, haben aber am unteren Bildschirmrand die Möglichkeit, jeweils zum nächsten oder vorherigen Tag, an dem Bilder vermerkt sind, zu springen.

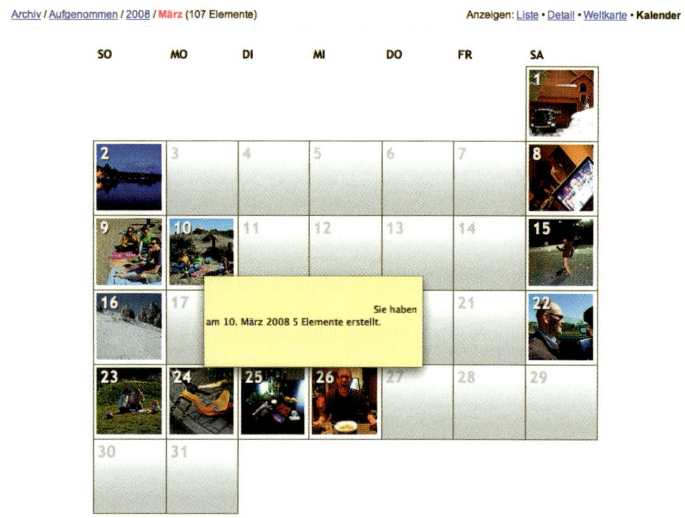

Welche Fotos haben Sie in einem Monat oder in einem Jahr geschossen? Der Kalender zeigt es.

Weltkarte: Da Sie bei jedem Foto und jedem Video angeben können, wo es aufgenommen wurde, lassen sich natürlich im Handumdrehen eigene Weltkarten erstellen. Haben Sie Ihre Bilder also immer

Liste: Die Listenansicht zeigt Ihnen kleine Vorschaubilder für den jeweiligen Zeitraum.

Detail: Die Detailansicht ist mit der Ansicht in Ihrem Fotostream zu vergleichen. Sie sehen eine größere Darstellung der einzelnen Bilder als in der Listenansicht und erhalten auch Informationen wie den Titel, einen Ausschnitt aus der Beschreibung, wer das Bild sehen kann und wie oft es bereits angesehen wurde.

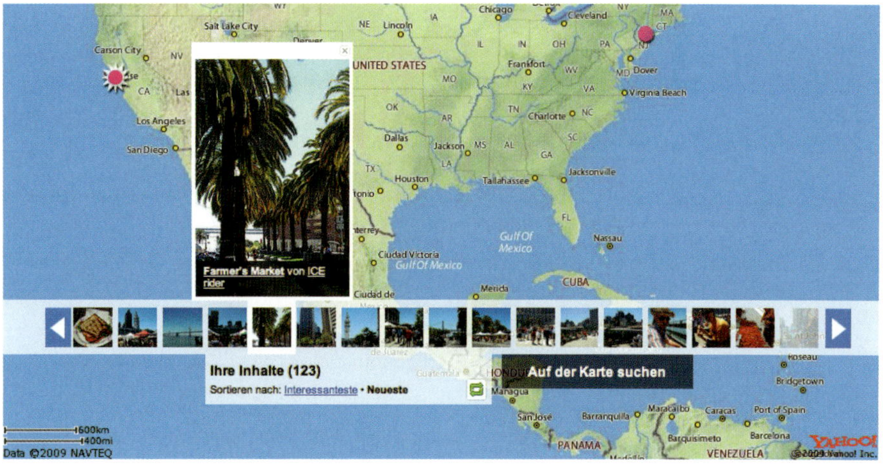

Im Mai in New York und Kalifornien? Die Karte macht es sichtbar.

schön mit den entsprechenden Informationen versehen, sehen Sie mithilfe dieser Option eine Kartendarstellung, der Sie entnehmen können, wo Sie im Laufe eines Jahres, eines Monats oder eines Tages gewesen sind.

Ältere Fotos dem Archiv hinzufügen

Ein richtiges „Archiv" besteht natürlich nicht nur aus den neuesten Bildern, die Sie jetzt anfänglich auf Flickr stellen und mit Flickr verwalten. Um das Archiv korrekt aufzubauen, müssen Sie ältere Digitalbilder, die eventuell automatisch noch keinen Datumsstempel erhalten haben, oder gar eingescannte Bilder mit dem passenden Datum versehen.

1. Laden Sie Ihre alten Digitalfotos oder eingescannten Bilder mit der normalen Upload-Funktion auf Flickr.

2. Versehen Sie die Bilder mit dem gewünschten Titel, einer Beschreibung und Tags.

3. Auf jeder Fotodetailseite finden Sie in der rechten Spalte das Aufnahmedatum angezeigt. Daneben sehen Sie den Link *Bearbeiten*. Klicken Sie darauf.

4. Im darauffolgenden Bildschirm können Sie entweder das genaue Datum festlegen oder ein ungefähres Datum bestimmen, falls Ihnen das genaue Aufnahmedatum nicht mehr bekannt ist.

Im Organizr (siehe übernächsten Abschnitt) können Sie Datumsänderungen auch an vielen Fotos gleichzeitig vornehmen. Sobald das Datum für die Bilder eingestellt ist, werden diese auch richtig in das Archiv eingeordnet.

Mit Alben und Sammlungen arbeiten

Alle Ihre Bilder und Videos werden standardmäßig in Ihrem Fotostream abgespeichert. Als zahlender Pro-Benutzer sehen Sie dort alle Ihre Bilder, als nicht zahlendes Mitglied sehen Sie die letzten 200 Bilder. Dieser Fotostream enthält Ihre Inhalte in chronologischer Reihenfolge, was insbesondere bei vielen Bildern schnell unübersichtlich wird.

Zur besseren Sortierung bietet Ihnen Flickr zwei Kategorisierungsmöglichkeiten an: Alben und Sammlungen.

Fotos und Videos in Alben zusammenfassen

Ein Fotoalbum ist ein Album im klassischen Sinn und gibt Ihnen die Möglichkeit, Ihre Bilder und Videos unter einem Namen zusammenzufassen. Alle Ihre Urlaubsbilder vom letzten Sommerurlaub in Schweden können Sie beispielsweise unter den Namen „Schweden" ordnen. So weit also kein Unterschied zu einem Fotoalbum aus Papier. Bei Flickr allerdings können Fotos auch in mehreren Fotoalben auftauchen. Wenn Sie beispielsweise ein Autoliebhaber sind und ein zweites Album mit Ihren Lieblingsautofotos angelegt haben, können Sie den tollen Volvo, den Sie in Schweden auf der Straße gesehen haben, zusätzlich zum Schweden-Album auch in das Auto-Album einsortieren.

Ein weiterer Vorteil eines Albums ist, dass Sie alle Fotos eines Albums als themenorientierte Diashow betrachten oder den gesamten Inhalt eines Albums mit Freunden und Bekannten teilen können.

Mehrere Alben in einer Sammlung zusammenfassen

Eine Sammlung enthält keine einzelnen Bilder oder Videos, sondern ist eine Sammlung von Fotoalben. Um bei dem Schweden-Urlaubsbeispiel zu bleiben, können Sie Ihr Fotoalbum des letzten Urlaubs mit den Fotoalben der anderen Urlaubsreisen zu einer Sammlung „Urlaubsreisen“ verbinden. Eine typische Struktur könnte somit beispielsweise so aussehen:

```
Sammlung: Urlaubsreisen
       Album: Schweden
       Album: Italien
       Album: USA
Sammlung: Oldtimer
       Album: Volvo
       Album: Volkswagen
       Album: Porsche
```

Genauso wie Aufnahmen mehrfach in verschiedenen Alben auftauchen können, ist es auch möglich, Alben mehrfach in verschiedene Sammlungen einzusortieren.

Ein neues Album erstellen

Ein Album lässt sich am einfachsten über die Detailseite eines Bildes oder eines Videos erstellen.

1 Gehen Sie dazu zu einer Bildseite, die Sie in ein Album einfügen möchten, und klicken Sie dort in der Werkzeugleiste auf das kleine viereckige Rahmensymbol *Zu Album hinzufügen.*

2 Falls Sie bereits Alben erstellt haben, erscheint nach dem Klick die Liste der vorhandenen Alben. Um ein Foto einem vorhandenen Album hinzuzufügen, wählen Sie einfach eines aus der Liste aus. Wenn Sie noch kein Album erstellt haben, klicken Sie einfach auf *Erstellen Sie ein neues Album.*

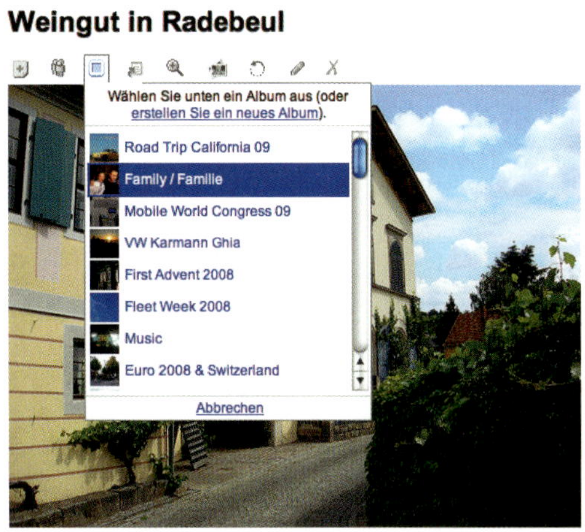

Über diese Funktion in der Werkzeugleiste können Sie eine Aufnahme in ein Album stellen oder ein neues Album anlegen.

3 Sie erhalten dann die Möglichkeit, dem Album einen Namen zu geben und eine kurze Beschreibung einzugeben. Eine Beschreibung ist optional, aber auf jeden Fall sehr hilfreich, wenn Sie vorhaben, das Album auch mit anderen Flickr-Benutzern zu teilen.

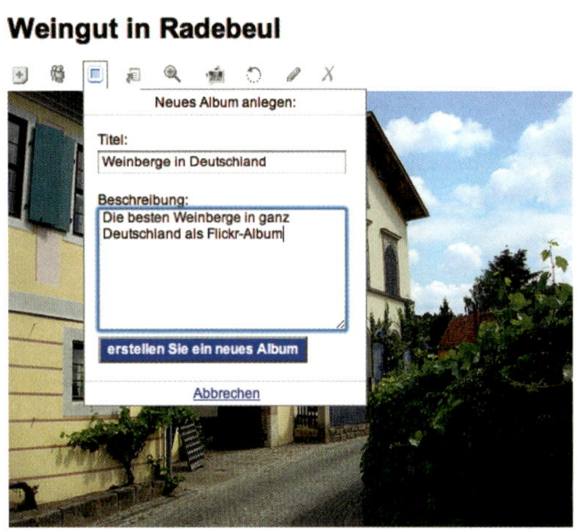

Details zum neuen Album direkt auf der Fotoseite eingeben.

4 Sobald Sie das neue Album angelegt haben, sehen Sie auf der Detailseite eines Bildes oder Videos, dass der Name des Albums auf der rechten Bildseite nun angezeigt wird. Klicken Sie jetzt einmal auf den Albumnamen in der rechten Leiste, um zu seiner Übersichtsseite zu gelangen.

Die Übersichtsseite eines Albums enthält alle Bilder als kleine Vorschaubilder und bietet Ihnen eine Reihe von albumspezifischen Funktionen.

5 Um das Album als Diashow anzusehen, klicken Sie einfach auf das Leinwandsymbol mit der Beschriftung *Diashow*.

6 Möchten Sie das Album mit Bekannten oder Freunden teilen, klicken Sie einfach auf das Pfeilsymbol mit der Beschriftung *Verbreiten*.

7 Die Sortierung der Vorschaubilder im Album können Sie über den Menüpunkt *Anordnen* verändern. Dort finden Sie Möglichkeiten, die Bilder oder Videos nach dem Aufnahmedatum, dem Datum des Hochladens auf Flickr oder alphabetisch nach dem Namen zu sortieren. Der Menüpunkt *Dieses Album löschen* ist selbsterklärend und macht in der Tat das, was er verspricht.

8 Die Funktionen unter dem Menüpunkt *Bearbeiten* verlinken in den sogenannten Organizr, der auf den nächsten Seiten ausführlich behandelt wird. Diese Funktionen ermöglichen Ihnen eine serielle Bearbeitung aller Ihrer Bilder in dem Album, ohne jedes einzelne Bild aufzurufen, Änderungen durchzuführen und abzuspeichern. Interessant ist auch der Punkt *Abzüge bestellen*, da Flickr mit verschiedenen Fotodruckanbietern auf der Welt zusammenarbeitet und Ihnen somit eine einfache Möglichkeit bietet, aus Ihrem digitalen Fotoalbum ganz einfach ein traditionelles Album zu erstellen und sich dieses per Post ins Haus liefern zu lassen. Diese Möglichkeiten werden im Kapitel „Mehr mit Fotos machen“ näher beleuchtet.

Und wie erstellt man eine Sammlung? Sammlungen werden mit dem Organizr erstellt, der im nun folgenden Abschnitt genau beschrieben wird.

Der Organizr für noch mehr Komfort

Bis jetzt haben Sie gelernt, wie Sie Werte und Daten zu jedem Foto über die Fotoseite ändern können. Das ist sehr praktisch, wenn Sie Änderungen an einem oder zwei Fotos vornehmen möchten, wird aber schnell zur Qual, wenn Sie die Daten von vielen Fotos auf einmal anpassen möchten. Flickr bietet für diese Aufgabe den ganz fantastischen und wie Flickr ohne „e“ benannten Organizr.

Den Organizr öffnen Sie über den Link *Organisieren* aus dem Flickr-Hauptmenü. Wenn Sie das Menü aufklappen, sehen Sie die folgenden Einträge:

- *Alle Ihre Inhalte*: Alle Ihre Fotos werden in den Organizr geladen und stehen zur Auswahl und zur Bearbeitung bereit.

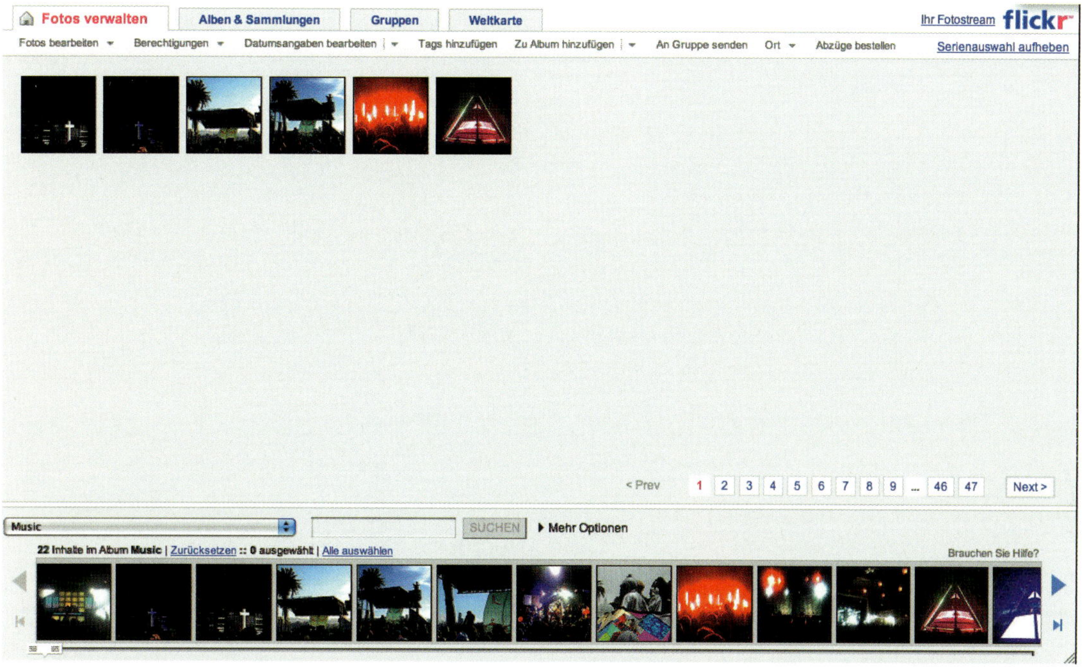

Der Organizr mit bereits hinzugefügten Inhalten.

- *Zuletzt hochgeladene Inhalte*: Auch hier wird der Organizr geöffnet, jedoch stehen nur die Bilder und Videos zur Auswahl, die Sie Flickr erst kürzlich hinzugefügt haben. Dies ist insbesondere dann praktisch, wenn Sie Veränderungen nur an den neuesten Bildern durchführen möchten.
- *Ihre Alben und Sammlungen*: Ruft den Teil des Organizr auf, mit dem Sie Ihre Fotoalben und Albensammlungen neu anlegen, bearbeiten, verändern oder löschen können.
- *Ihre Karte*: Ruft den Teil des Organizr auf, mit dem Sie Ihre Fotos auf Ihrer Weltkarte platzieren können.

Der Bildschirm des Organizr ist klar in die folgenden Bereiche gegliedert: Am oberen Bildschirmrand finden Sie die verschiedenen Bereiche, in denen Funktionen angeboten werden: *Fotos verwalten*, *Alben & Sammlungen*, *Gruppen* und *Weltkarte*. Gleich darunter sehen Sie verschiedene Aktionen, die sich je nach ausgewähltem Bereich ändern, geordnet in Menüs.

Der Hauptteil des Bildschirms wird von der Fotoablage eingenommen. In diesen Bereich kommen alle Fotos, die zusammen und gleichzeitig bearbeitet werden sollen.

Am unteren Ende befindet sich eine Reihe Ihrer Fotos, die darauf warten, auf dem Bearbeitungs-

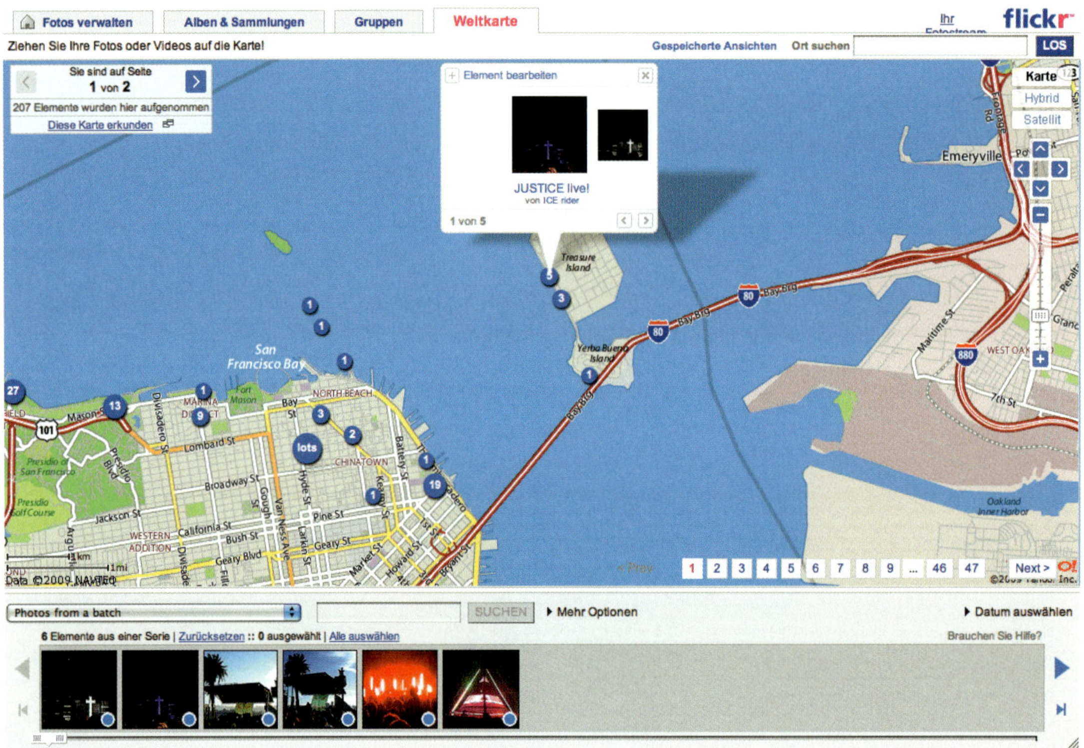

Auf der Weltkarte können Sie Ihre Fotos mit Ortsdaten versehen und sich ansehen, wo Sie schon überall gewesen sind.

tisch zu landen. Falls Sie den Organizr über das Menü *Organisieren/Zuletzt hochgeladene Inhalte* geöffnet haben, sehen Sie in der Reihe nur Ihre neuesten Bilder. Anderenfalls können Sie hier durch Ihren gesamten Fotostream scrollen.

Fotos in den Organizr laden

1 Öffnen Sie den Organizr über das Menü *Organisieren/Alle Ihre Inhalte*. Nach einer kleinen Ladezeit sehen Sie den Bildschirm des Organizr mit der oben beschriebenen Unterteilung.

   Im unteren Bereich finden Sie alle Bilder Ihres Fotostreams. Mit den Pfeilsymbolen links und rechts der Bilderreihe können Sie durch alle Ihre Bilder blättern. Vor allem wenn Sie bereits viele Bilder aufgenommen und in Flickr geladen haben, sind die Filteroptionen sehr hilfreich.

Das kleine Auswahlmenü gleich oberhalb der Bildreihe (beschriftet mit *Alle Ihre Inhalte*) bietet Ihnen an, die Fotoauswahl einzuschränken. So können Sie nur Bilder und Videos in der Reihe anzeigen lassen, die entweder an einem bestimmten Datum aufgenommen wurden, sich in einem von Ihnen festgelegten Fotoalbum oder in einer bestimmten Gruppe befinden. Weiterhin können Sie über das

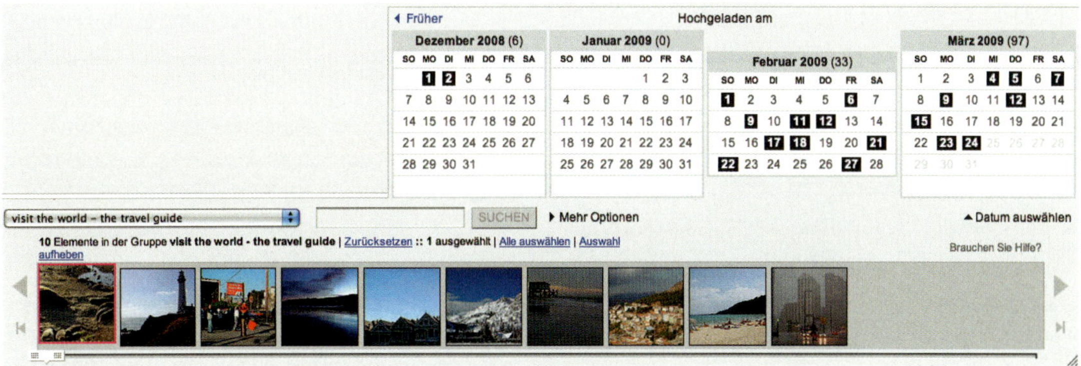

Fotos können Sie mit der Datumsauswahl auch nach Datum im Organizr filtern.

Menü auch festlegen, dass nur Bilder angezeigt werden, denen keine Tags zugeordnet wurden oder denen Sie noch keine geografische Position zugewiesen haben.

Mithilfe der `Umschalt`-Taste können Sie mehrere Bilder auf einmal im Organizr auswählen und in das Bearbeitungsfeld schieben.

Eine sinnvolle Filterung erreichen Sie auch mit der integrierten Suchfunktion. Haben Sie beispielsweise vier Bilder mit dem Begriff „Berlin" getagged, werden auch nur diese Bilder angezeigt, wenn Sie diesen Suchbegriff eingeben. Mit einem Klick auf *Mehr Optionen* neben der Suchbox lässt sich die Suche noch weiter einschränken.

2 Am Anfang sollten Sie noch kein Problem haben, die richtigen Fotos zu finden. Um nun eine Reihe von Bildern zu bearbeiten, müssen Sie diese mit der Maus ganz einfach von der Bildreihe unten in das Mittelfeld des Organizr ziehen. Sie können dabei auch mehrere Bilder auf einmal auswählen, indem Sie entweder die `Umschalt`-Taste oder die `Strg`-Taste bei der Auswahl gedrückt halten.

Haben Sie dies erfolgreich durchgeführt, sehen Sie die Bilder im gleichen Kleinformat im Bearbeitungsbereich des Organizr. Alle Bilder, die sich nun in diesem Bereich befinden, können gleichzeitig über eine der Bearbeitungsfunktionen geändert werden.

3 Falls Sie ein Bild aus Versehen mit ausgewählt und in den Bearbeitungsbereich geschoben haben, können Sie es einfach wieder zurück in die untere Bildreihe schieben. Sind Sie mit Ihrer Auswahl ganz und gar nicht zufrieden, können Sie den Bearbeitungsbereich mit einem Klick auf *Serienauswahl aufheben* auch wieder komplett frei räumen.

4 Den Organizr verlassen Sie übrigens einfach mit einem Klick auf das Flickr-Logo in der rechten oberen Ecke.

Fotos im Organizr verwalten

Nachdem Sie die Fotos, die Sie bearbeiten möchten, in das Mittelfeld des Organizr geladen haben, können Sie sehr effektiv verschiedenste Änderungen vornehmen.

Klicken Sie auf *Fotos verwalten* in der linken oberen Ecke, um alle darunter befindlichen Funktionen aufzurufen. Die folgenden Möglichkeiten werden Ihnen dann anschließend im Menü darunter angeboten:

- *Fotos bearbeiten/Titel, Tags und Beschreibungen*: Diese Funktion bringt Sie auf eine Seite, auf der Sie für alle in der Auswahl befindlichen Bilder den Titel, die Beschreibung eines Fotos oder Videos und dessen Tags verändern können.

Im Gegensatz zu vielen anderen Funktionen im Organizr bringt diese Funktion Sie nicht zu einem Eingabefeld, in dem Sie einmal die Daten eingeben und diese Daten dann für alle Inhalte gesetzt werden, sondern Sie erhalten die Möglichkeit, jedem einzelnen Foto oder Video einen eigenen Titel, eine eigene Beschreibung und auch ganz eigene Tags zu vergeben.

- *Fotos bearbeiten/Drehen*: Bei dieser Funktion drehen Sie alle Bilder, die sich im Auswahlfenster befinden, in eine gewünschte Richtung. Beachten Sie, dass sich alle ausgewähl-

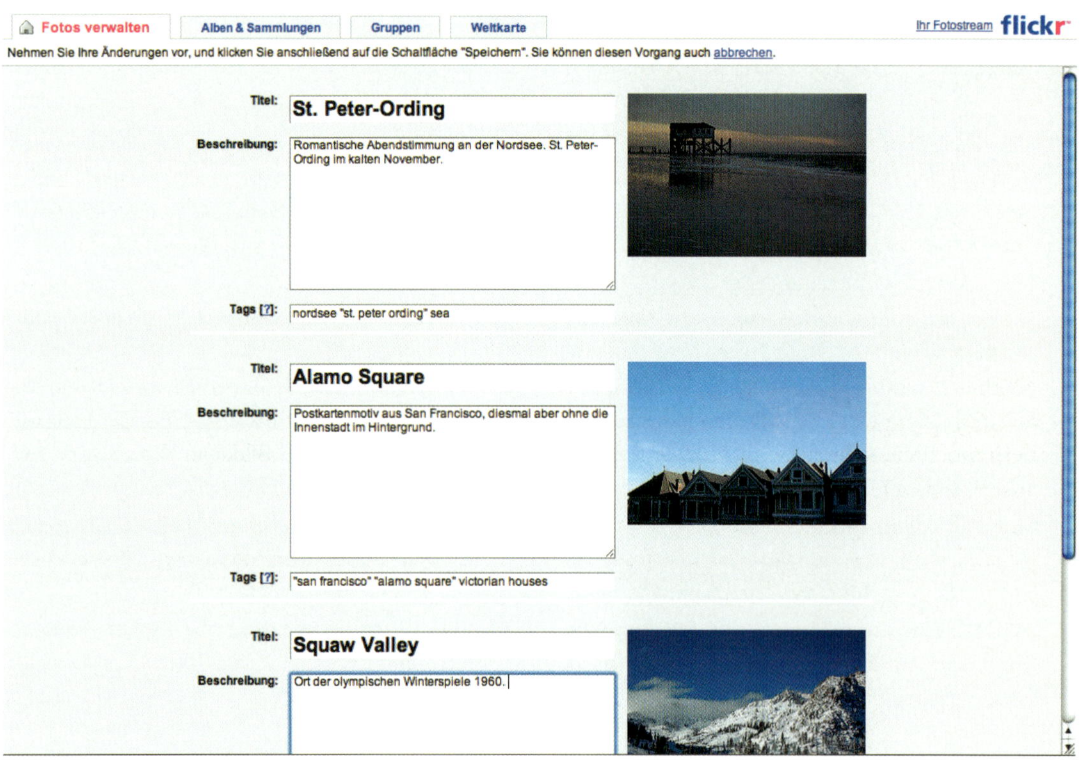

Titel, Beschreibungen und Tags pro Bild auf einer Seite verändern.

ten Bilder gleichzeitig und in die gleiche von Ihnen vorgegebene Richtung drehen.

- *Fotos bearbeiten/Löschen*: Nach einer Sicherheitsabfrage macht diese Funktion genau das, was sie verspricht: Sie löscht die ausgewählten Bilder und Videos aus Ihrem Flickr-Account.
- *Berechtigungen/Wer sieht meine Bilder?* Hier können Sie festlegen, welche Benutzer Ihre Bilder im Internet sehen können, wer Ihre Bilder kommentieren oder darauf Notizen setzen darf. Im nächsten Kapitel lernen Sie, wie Flickr zwischen Ihren Freunden, Ihrer Familie und dem Rest der Welt unterscheidet. Zwischen diesen Optionen können Sie nämlich wählen, wenn Sie den Zugriff auf Ihre Bilder beschränken oder erweitern wollen. Auch hier gilt: Alle Änderungen werden gleichzeitig an allen in der Auswahl befindlichen Bildern und Videos vorgenommen.
- *Berechtigungen/Lizenzierung ändern?* Sie können Ihre Inhalte mit verschiedenen Lizenzen ausstatten, die regeln, wie andere Benutzer Ihre Inhalte verwenden können. Standardmäßig werden Ihre Inhalte ohne entsprechende Lizenzierung für andere Benutzer bei Flickr eingestellt, und Sie behalten alle Rechte. Falls Sie dies für mehrere Bilder gleichzeitig ändern möchten, sollten Sie diesen Menüpunkt auswählen. Detaillierte Informationen zu Lizenzen finden Sie im Abschnitt „Fotos mit Rechten versehen" im nächsten Kapitel.
- *Berechtigungen/Sicherheitsfilter auswählen*: Verwenden Sie diese Option, um Ihre Bilder und Videos als *Sicher*, *Mittel* oder *Eingeschränkt* zu kennzeichnen.

Mehrere Bilder auf einmal in die gleiche Richtung drehen.

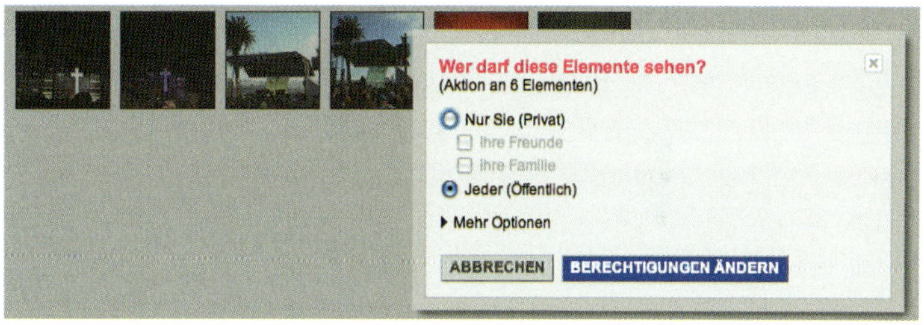

Einstellungen zur Privatsphäre für mehrere Bilder gleichzeitig vornehmen.

- *Berechtigungen/Inhaltstyp festlegen*: Diese Option gibt Ihnen die Möglichkeit, alle in der Auswahl befindlichen Bilder entweder als Foto oder Video, als Bildschirmfoto oder als anderen Inhalt, beispielsweise als Zeichnung oder Kunstwerk, zu markieren.
- *Berechtigungen/Bei der öffentlichen Suche ein-/ausblenden*: Mit dieser Funktion können Sie kontrollieren, ob Ihre Bilder in der öffentlichen Flickr-Suche sowie über die Suchfunktionen der großen Suchmaschinen wie Google und Yahoo! gefunden, also indiziert werden sollen oder nicht.
- *Datumsangaben bearbeiten/Für alle dasselbe Datum angeben*: Falls Sie alle ausgewählten Fotos auf ein bestimmtes Aufnahmedatum

setzen möchten, können Sie dies mit dieser Option tun. Dabei haben Sie die Möglichkeit, ein ungefähres Datum, wie beispielsweise Juni 2009, auszuwählen oder aber auch ein genaues Datum und sogar eine genaue Uhrzeit einzugeben.

Da auch diese Funktion alle ausgewählten Bilder und Videos in Serie bearbeitet, jedoch das Aufnahmedatum theoretisch nie exakt gleich sein kann, wird das angegebene Datum sekundengenau für das letzte der ausgewählten Bilder eingestellt. Alle vorherigen Bilder enthalten auch das gleiche Datum, allerdings wird bei der Uhrzeit jeweils eine Sekunde hinzugerechnet.

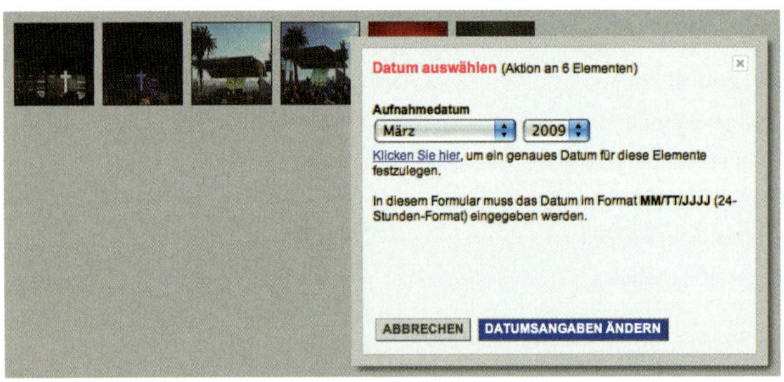

Das Aufnahmedatum für mehrere Bilder auf einmal einstellen.

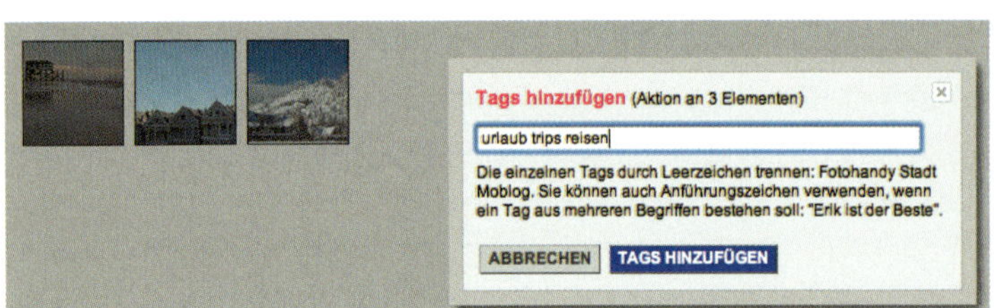

Tags einer Serie von Bildern hinzufügen.

- *Datumsangaben bearbeiten/Zeitverschiebung*: Falls die Bilder und Videos eine falsche Uhrzeit aufweisen, da sie in einer anderen Zeitzone aufgenommen wurden, als in der Kamera eingestellt war, kann man die Aufnahmezeiten von mehreren Bildern stundenweise ändern.

- *Tags hinzufügen*: Während Flickr denkt, dass alle Ihre Bilder unterschiedliche Namen und Beschreibungen aufweisen sollten, können Sie aber zumindest für jeden Ihrer ausgewählten Inhalte ganz einfach und seriell Tags hinzufügen. Geben Sie in das unter dieser Funktion erscheinende Texteingabefeld einfach alle die Tags ein, die Sie als Schlagwörter mit den ausgewählten Inhalten assoziieren. Denken Sie dran: Tags sind Schlagwörter und werden als einzelne Wörter und Begriffe erkannt, wenn sie nicht in Anführungszeichen zusammengefasst werden. Also: immer „San Francisco“ und nicht San Francisco.

- *Zu Album hinzufügen/Neues Album*: Weiter oben im Buch haben wir uns bereits mit Alben und Sammlungen beschäftigt. Diese Funktion im Organizr ist wahrscheinlich die beste und schnellste Möglichkeit, ein neues Album anzulegen: einfach die gewünschten Bilder in den Organizr packen und über diese Funktion schnell einen Albumtitel sowie optional eine Beschreibung eingeben. Schon haben Sie ein neues Fotoalbum erstellt.

- *Zu Album hinzufügen/Vorhandenes Album*: Falls Sie eine Reihe von Bildern in ein vorhandenes Album hineinpacken möchten, ist diese Funktion ein sehr komfortabler Weg dazu. Alle im Organizr ausgewählten Bilder werden in das von Ihnen aus der Liste ausgewählte

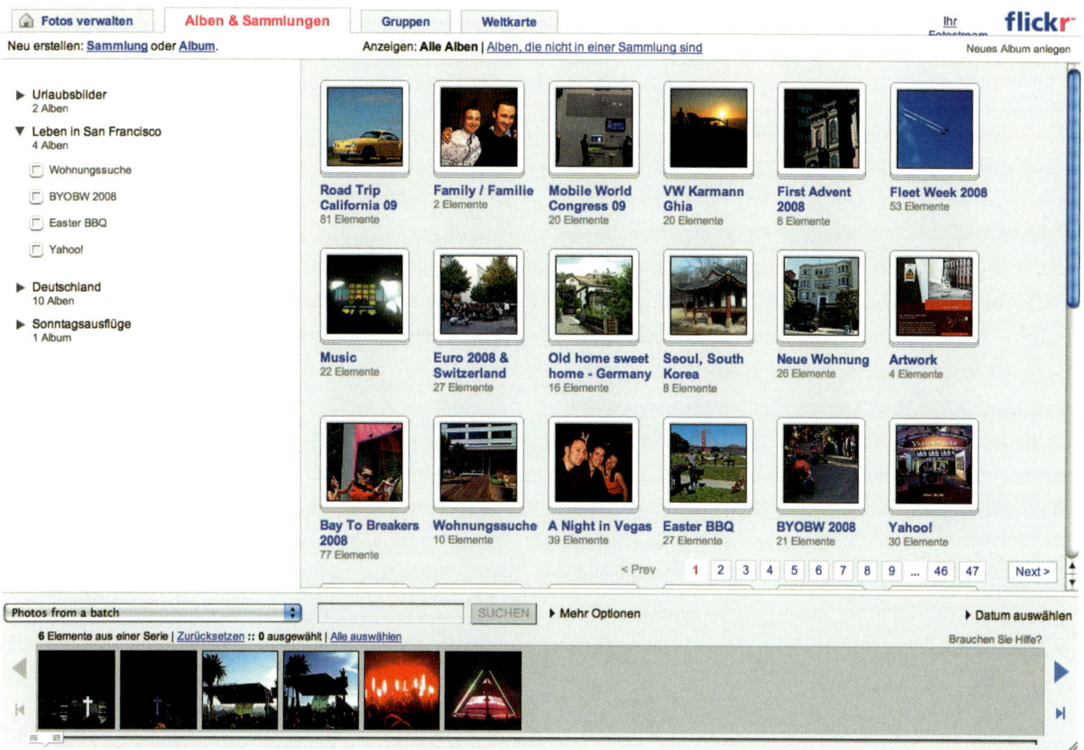

Inhalte lassen sich vom Organizr einfach in ein Album verschieben.

Fotoalbum geladen. Beachten Sie dabei, dass Bilder oder Videos auch ruhig in mehreren Alben gleichzeitig vorhanden sein können.

- *An Gruppe senden*: Diese Funktion öffnet eine Liste mit allen Gruppen, in denen Sie bereits Mitglied sind. Um die von Ihnen ausgewählten Bilder in eine Gruppe zu stellen, müssen Sie nur auf den Gruppennamen klicken. Wichtig ist hier zu beachten, dass manche Gruppen über Einschränkungen dahingehend verfügen, wie viele Bilder pro Tag in die Gruppe gestellt werden können. Falls Sie mehr Bilder hochladen möchten, als es das Limit einer Gruppe erlaubt, werden Sie nur eine Fehlermeldung erhalten, und keines der im Organizr ausgewählten Bilder wird der Gruppe hinzugefügt. Reduzieren Sie in diesem Fall die Auswahl der Bilder und versuchen Sie es dann erneut. Im Abschnitt „Flickr-Gruppen" im übernächsten Kapitel erfahren Sie alles zum Thema Gruppen.

- *Ort/Datenschutz für Geodaten ändern*: Eine der besten und aufregendsten Funktionen von Flickr ist die Möglichkeit, Bild- und Videodaten mit Geodaten – also mit einer geografischen Adresse – zu versehen. Sind einem Bild die Koordinaten zugeordnet, die anzeigen, wo es aufgenommen wurde, kann diese Aufnahme in vielerlei Hinsicht verwendet werden.

Zum einen können Sie Ihre eigene Karte erstellen, auf der Sie auf einer Land- oder Weltkarte sehen, wo Sie schon überall waren und Fotos gemacht haben. Zum anderen können Ihre Aufnahmen aber auch für lokale Suchen verwendet werden. Der Flickr-Dienst Places beispielsweise verwendet Geo-referenzierte Bilder und Videos, um für verschiedenste Plätze auf der Welt zu zeigen, wie diese aussehen.

Allerdings ist eine sogenannte Geo-Referenzierung Ihrer Bilder oder Videos auch nicht unbedingt unkritisch – vor allem wenn es sich um Bilder oder Videos handelt, die von Plätzen stammen, deren Standort nicht jeder genau wissen muss. Zwar sind sicherlich der Großteil der Flickr-Nutzer friedliche Menschen, doch Sie sollten sich schon genau überlegen, ob Sie die Adresse Ihres Hauses eingeben, in dem Sie beispielsweise die von allen Seiten fotografierte, unglaublich teure und edle Vase stehen haben.

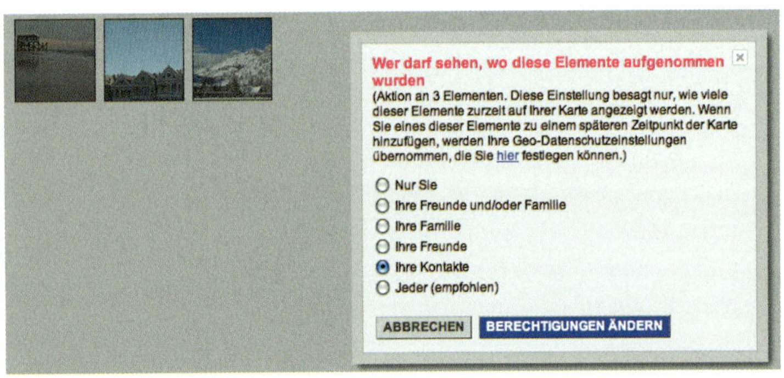

Einstellungen zum Datenschutz von Geodaten.

Bereits Geo-referenzierte Aufnahmen werden mit einem kleinen blauen Punkt in der Auswahlleiste dargestellt.

Über die Funktion *Datenschutz für Geodaten ändern* können Sie festlegen, wer die Geodaten zu einem Bild oder Video sehen darf. Sie können somit munter alle Ihre Inhalte Geo-referenzieren und für sich eine komplette Weltkarte mit Ihren Aufnahmen erstellen, jedoch einzelne Bilder und Videos auswählen, um diese dann entweder nur für Sie oder für Ihre Freunde sichtbar zu machen.

- *Ort/Fügen Sie Inhalte zur Karte hinzu*: Diese Funktion springt in einen anderen Bearbeitungsmodus und zeigt die von Ihnen im Organizr ausgewählten Inhalte nun in der unteren Leiste. Der Hauptteil des Bildschirms ist mit einer Landkarte versehen.

Sie können nun die Karte dazu nutzen, den Ort zu finden, an dem Sie die ausgewählten Aufnahmen gemacht haben. Um einen Ort zu suchen, benutzen Sie einfach die Suchfunktion in der oberen rechten Ecke. Falls Sie sich nicht mehr richtig an den genauen Namen des Orts erinnern können, wählen Sie einfach den nächstgrößeren Ort aus und verschieben dann die Karte mit der Maus.

Standardmäßig ist die Kartenansicht eingestellt. Es gibt jedoch Situationen, in denen Sie einen bestimmten Ort besser über dessen Luftbild ausmachen können. Mit einem Klick auf *Satellit* unterhalb der Suchbox können Sie auf den Luftbildmodus umschalten. *Karte* bringt Sie zurück in den Kartenmodus, und *Hybrid* zeigt

Ihnen eine quasi gemischte Ansicht: eine Luftbildaufnahme zusammen mit den Straßeneinzeichnungen sowie Straßen- und Ortsnamen.

Suchen Sie den Ort Ihrer Aufnahme einfach per Suchfunktion.

Über die Zoomleiste unterhalb der soeben beschriebenen Funktionen können Sie in die Karte hinein- und auch daraus wieder herauszoomen. Falls Sie Ort und Position gefunden haben, an denen Sie Ihr Bild oder Video aufgenommen hatten, können Sie einfach mit der Maus den gewünschten Inhalt auf die Landkarte ziehen und dann genau an der Stelle fallen lassen, wo die Aufnahme stattgefunden hat.

Sie können Bilder und Videos aus der unteren Auswahlleiste entweder einzeln auf die Karte verschieben oder mit gedrückter `Umschalt`- oder `Strg`-Taste auch eine Mehrfachauswahl treffen.

Sobald Sie eine Aufnahme auf die Karte verschoben haben, sehen Sie, dass diese mit einer kleinen Nummer auf der Landkarte platziert wird. Diese Nummer sagt Ihnen, wie viele Ihrer Aufnahmen bereits an diesem Ort referenziert wurden.

Bilder präzise auf der Karte ablegen

Es empfiehlt sich sehr, bei der Geo-Referenzierung von Bildern und Videos darauf zu achten, dass die Aufnahmen so akkurat wie möglich auf der Karte platziert werden. Theoretisch könnten Sie natürlich aus der Karte so weit herauszoomen, dass Sie nur noch die Weltkarte sehen, und dann das Bild vom Brandenburger Tor in Berlin einfach auf „gut Glück" über Deutschland abwerfen.

Was in diesem Fall aber sehr wahrscheinlich passiert, ist, dass Ihr Bild nicht mit den Koordinaten vom Pariser Platz in Berlin referenziert wird, sondern es die Koordinaten von Bielefeld-Gadderbaum oder irgendeinem anderen Ort in Deutschland erhält. Der Grund: Sie haben nicht auf eine Zoomstufe geschaltet, die es Ihnen erlaubt hätte, Ihr Bild so präzise wie möglich auf der Karte und auch wirklich in Berlin abzulegen. Die Konsequenzen, die sich daraus ergeben, sind unter anderem, dass Ihre eigene Karte verfälscht wird und – eigentlich noch viel schlimmer – dass Benutzer, die nach Fotos aus dem Raum Bielefeld suchen, auf einmal das Brandenburger Tor präsentiert bekommen. Stellen Sie daher sicher, dass Sie immer eine gute Zoomstufe wählen, um auf jeden Fall die entsprechenden Straßen erkennen und somit auch die genaue Position des Bildes zuordnen zu können.

Fertig. Die Aufnahme ist auf der Karte platziert.

Haben Sie sich geirrt und die Aufnahme irrtümlich an einer falschen Stelle platziert, können Sie den kleinen blauen Kreis mit der Maus anklicken und ihn mit gedrückter Maustaste an die richtige Stelle verschieben.

Falls Sie übrigens gerade eine Kartenansicht von einem Gebiet auf dem Bildschirm haben, in dem Sie oft unterwegs sind, und diese Kartenansicht auch für weitere Aufnahmen hilfreich sein wird, können Sie diese Ansicht unter *Kartenansicht speichern* mit einem Namen versehen und sie genau unter diesem Menü für einen schnellen späteren Zugriff wieder abspeichern.

- *Ort/Entfernen Sie Elemente von der Karte*: Falls Sie für die im Organizr ausgewählten Elemente die Geo-Referenzierung wieder löschen und somit die Aufnahmen – egal für wen – von der Karte entfernen möchten, benötigen Sie genau diese Funktion.

- *Abzüge bestellen*: Diese Funktion bietet Ihnen an, Ihre digitalen und gerade in der Organizr-Auswahl befindlichen Kunstwerke auf Papier zu bringen. Flickr arbeitet mit mehreren Unternehmen zusammen, die Druckdienste anbieten und eine Schnittstelle zu Flickr besitzen. Im Kapitel „Mehr mit Fotos machen“ wird genauer auf die verschiedenen Druckangebote eingegangen.

Alben und Sammlungen im Organizr verwalten

Nicht nur Ihre eigenen Aufnahmen, sondern auch die von Ihnen angelegten Alben und Sammlungen können im Organizr komplett verwaltet werden. Um auf diese Funktionen zuzugreifen, klicken Sie einfach auf *Alben und Sammlungen* am oberen Bildschirmrand des Organizr.

Der Hauptbildschirm des Organizr ist jetzt in zwei Hauptbereiche eingeteilt. Auf der linken Seite sehen Sie eine Spalte mit eventuell schon angelegten Sammlungen. Auf der rechten Seite finden Sie den Hauptteil mit allen bislang angelegten Alben.

Wir erinnern uns: Alben können jegliche Aufnahmen von Ihnen enthalten, die einem bestimmten Thema zugeordnet sind. Dies entspricht somit größtenteils einem normalen Fotoalbum. Ein Foto kann dabei auch in mehreren Alben gleichzeitig vertreten sein.

Ein neues Fotoalbum im Organizr anlegen

Um ein Fotoalbum anzulegen, müssen Sie nur in der rechten oberen Ecke auf *Neues Album anlegen* klicken. Es öffnet sich ein neuer Arbeitsbereich, in dem Sie auf der linken Seite einen Albumtitel eingeben müssen und darunter eine Beschreibung zum Album eingeben können.

Über die Organizr-typische Bildleiste am unteren Bildrand können Sie nun neue Bilder und Videos in das Album ziehen. Über *Speichern* sichern Sie das neue Album, und es erscheint in der Albenübersicht im Organizr.

Alben im Organizr bearbeiten

Um ein vorhandenes Album bequem im Organizr bearbeiten zu können, müssen Sie nur von der Seite *Alben und Sammlungen* aus auf das Bild eines Albums klicken. Anschließend können Sie mit der Maus die Reihenfolge der im Album befindlichen Aufnahmen ändern.

Sie können Elemente aus dem Album entfernen, indem Sie Bilder oder Videos aus dem Album in die untere Bildleiste ziehen.

Jedes Album erhält beim Anlegen automatisch ein Standardbild, das als repräsentatives Minibild für das Album verwendet wird. In der Regel ist dies eine verkleinerte Darstellung des ersten Bildes, das Sie einem Album hinzufügen. Um dieses Bild zu ändern, müssen Sie nur eine der anderen im Album befindlichen Aufnahmen auf die Stelle des Standardbildes ziehen.

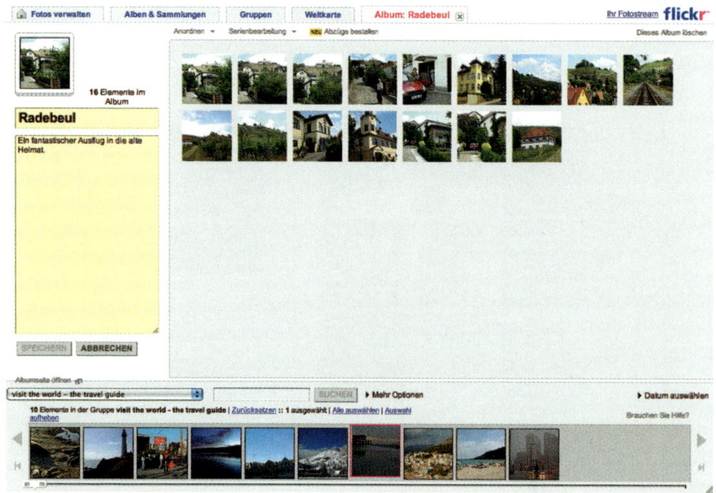

Ein im Organizr geöffnetes Album.

Alben im Organizr löschen

Um ein Album im Organizr zu löschen, müssen Sie es erst öffnen und dann über die Funktion *Dieses Album löschen* aus Flickr entfernen.

Wenn Sie alle Änderungen durchgeführt haben, können Sie sie mit *Speichern* sichern und zum Hauptbildschirm des Organizr zurückkehren.

Eine neue Sammlung im Organizr erstellen

Direkt über der Liste der eventuell schon vorhandenen Sammlungen befindet sich eine Option zum Erstellen einer Sammlung. Im Gegensatz zu Alben enthalten Sammlungen keine einzelnen Aufnahmen, sondern ganze Fotoalben.

1 Klicken Sie auf diese Option und geben Sie einen aussagekräftigen Namen und eventuell auch eine Beschreibung für diese Sammlung ein. Nachdem Sie auf *Erstellen* geklickt haben, wird diese Sammlung angelegt und kurz darauf in der Liste der vorhandenen Sammlungen angezeigt.

2 Im nächsten Schritt müssen Sie alle Alben, die Sie in diese Sammlung einordnen möchten, mit der Maus auf diese neu angelegte Sammlung am rechten Bildschirmrand ziehen. Haben Sie alle Alben, die Sie einsortieren wollen, dorthin gezogen, können Sie auf *Mosaik erstellen* klicken. Im Gegensatz zu einem Alben, das nur ein einzelnes Bild als Standardbild auswählt, wird meistens ein Bildmosaik aus zwölf Bildern erstellt, das sich aus Bildern aus den einzelnen Alben zusammensetzt. Sobald Sie mit dem Ergebnis zufrieden sind, klicken Sie einfach auf *Speichern.*

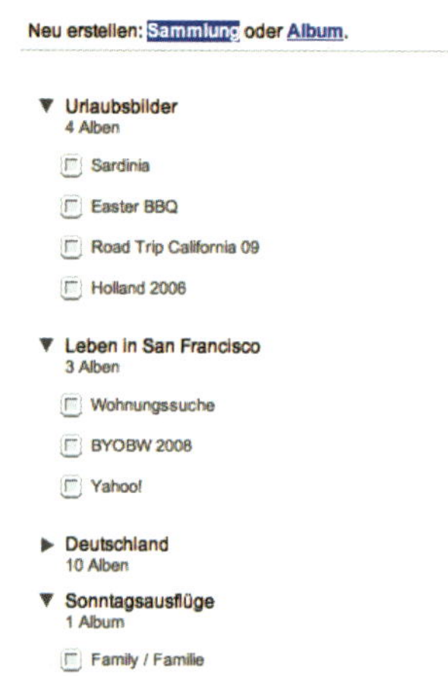

Liste Ihrer angelegten Sammlungen.

Sammlungen werden optisch durch ein Mosaik aus Bildern gekennzeichnet.

Wenn Sie auf den Titel einer Sammlung klicken, öffnet sich ein kleines Menü, das Ihnen weitere Bearbeitungsfunktionen anbietet. Über dieses Menü können Sie beispielsweise die ausgewählte Sammlung löschen oder noch einmal das Mosaik bearbeiten und neu generieren lassen. Weiterhin können Sie mit dem Menüpunkt *Titel und Beschreibung bearbeiten* den Namen und die Beschreibung der Sammlung anpassen.

Alben aus einer Sammlung löschen

Um Alben aus einer Sammlung zu entfernen, müssen Sie nur die Albumtitel mit der Maus wieder in die untere Bildleiste ziehen.

Aufnahmen in Gruppen einsortieren

Die dritte Hauptfunktion im Organizr ist neben *Fotos verwalten* und *Alben und Sammlungen* der Menüpunkt *Gruppen.*

Wie schon mehrfach im Buch erwähnt, ist die Gemeinschaft (engl. Community) ein ganz wichtiges Element bei Flickr. Kaum etwas prägt dessen Erscheinungsbild mehr als die unzähligen Gruppen. Gruppen bestehen zu allen möglichen Themen und enthalten themenspezifische Bilder, Videos und Diskussionen der Gruppenmitglieder. Wie Sie eine Gruppe anlegen oder einer bestehenden Gruppe beitreten, wird im Abschnitt „Flickr-Gruppen" im übernächsten Kapitel ausführlich erläutert.

Sollten Sie bereits Mitglied in einigen Gruppen sein, sehen Sie im Organizr nach Auswahl des Hauptmenüpunkts *Gruppen* die Namen, die Anzahl der in der Gruppe befindlichen Bilder und Videos sowie ein eventuelles Limit. Dieses Limit regelt, wie viele Aufnahmen Sie einer Gruppe pro Tag hinzufügen dürfen.

Um Bilder oder Videos einer Gruppe hinzuzufügen, müssen Sie, wie in nahezu allen anderen Organizr-Funktionen, die gewünschten Bilder aus der unteren Bildleiste auf den Gruppennamen ziehen und dort mit der Maus fallen lassen.

Falls die Anzahl der Aufnahmen, die Sie in eine Gruppe stellen möchten, das angegebene Limit überschreitet, erhalten Sie eine Fehlermeldung, und keines der ausgewählten Bilder oder Videos wird der Gruppe hinzugefügt.

Freunde, Familie und der Rest der Welt

Eine der interessantesten und besten Funktionen von Flickr ist die Möglichkeit, die eigenen Bilder mit anderen zu teilen. Damit muss nicht die gesamte Welt gemeint sein, sondern Flickr bietet Ihnen an, Ihre Inhalte nur mit den Personen zu teilen, die Ihre Bilder auch sehen dürfen.

Der Trip am Wochenende nach Hamburg beispielsweise, während Sie doch zu Hause am Rechner was für die Firma machen sollten, ist sicher nicht für die Augen Ihres Chefs gedacht, aber für die Ihrer engsten Vertrauten. Mit Flickr haben Sie die Möglichkeit, diese Ausflugsbilder in das Internet zu stellen, können sich aber sicher sein, dass nur ein ausgewählter Bekanntenkreis diese Fotos und vielleicht auch Videos tatsächlich sieht.

Dazu machen Flickr-Bekanntschaften das Flickr-Leben erst so richtig interessant. Jedes Mal, wenn Sie sich beispielsweise bei Flickr anmelden und die Startseite aufrufen, sehen Sie, welche Ihrer Kontakte neue Fotos oder Videos auf Flickr eingestellt haben. Sie können dann am Leben Ihrer Flickr-Freunde teilhaben und beispielsweise über Kommentare auch Ihre Meinung oder Begeisterung für den einen oder anderen Schnappschuss zum Ausdruck bringen.

Flickr unterscheidet die folgenden Personengruppen:

- *Nur Sie* – in diesem Fall sehen nur Sie die Bilder.
- *Ihre Familie*
- *Ihre Freunde*
- *Jeder* – in diesem Fall sind Ihre Bilder öffentlich.

Jede Ihrer Aufnahmen können Sie in eine der genannten Personengruppen einordnen und somit den Zugriff beschränken. Weiterhin können Sie in Flickr festlegen, wer beispielsweise Ihre Bilder kommentieren darf oder wem es erlaubt ist, Ihre Bilder mit Notizen zu versehen.

Kontakte, Freunde oder Familie?

Flickr bietet mit den angebotenen Personengruppen verschiedene Ebenen, die festlegen, wer Ihre Bilder sehen darf und wer nicht.

Kontakte

Wenn Sie einen Kontakt bei Flickr aufnehmen und ihn nicht als Freund oder als Familienmitglied kennzeichnen, kann er auch nur die öffentlichen Bilder sehen. Mit einem Kontakt haben Sie keine Verpflichtungen. Ein Kontakt ist quasi nur ein Lesezeichen für Sie in Ihrem Flickr-Adressbuch und – viel wichtiger – eine weitere Quelle, die Ihnen neue Bilder auf Ihrer Startseite anzeigt. Wenn Sie den Fotografen zwar nicht kennen, aber seine Bilder toll finden und gern über neue Bilder von ihm informiert werden möchten, scheuen Sie sich nicht, diese Person als

Kontakt hinzuzufügen. Solange Sie diese Person nur als Kontakt abspeichern, sieht er lediglich ebenfalls Ihre öffentlichen Bilder.

Freunde

Kennzeichen Sie Ihre Bilder als für Freunde sichtbar, wenn Sie persönliche Bilder ins Internet stellen, die Sie nicht von der ganzen Welt betrachtet wissen wollen. Wenn Sie Personen als Freunde in Ihre Kontaktliste aufnehmen, bedenken Sie, dass diese Personen dann alle diese Bilder auch sehen können.

Familienmitglieder

Das Gleiche wie für Freunde gilt auch für die Familien: Markieren Sie Aufnahmen, die nur Ihre engsten Vertrauten etwas angehen, mit dieser Personengruppe und fügen Sie auch nur die entsprechenden Leute als Familienmitglied Ihren Flickr-Kontakten hinzu.

Möchten Sie keinem Ihre Bilder oder Videos zeigen, sondern diese nur für sich allein bei Flickr hochladen, können Sie diese Aufnahmen nur für sich selbst markieren.

Können Familienmitglieder automatisch meine Freundesbilder sehen?

Nein! Man könnte meinen, dass Familienmitglieder – als nahezu höchste private Stufe – auch die Bilder sehen können, die Sie Ihren Freunden zeigen. Doch: Sollen Ihre Eltern Sie wirklich mit Ihren Nachbarn in der Wanne sehen? Wahrscheinlich nicht. Aus diesem und ähnlichen Gründen wird zwischen diesen beiden Gruppen strikt unterschieden. Wenn Sie also Aufnahmen für Ihre Freunde und Ihre Familie, aber nicht für die ganze Welt sichtbar machen wollen, markieren Sie unbedingt beide Personengruppen für das Bild oder Video.

Gästepässe versus Flickr-Anmeldungen

Damit Flickr erkennen kann, wer zu Ihren Freunden und zu Ihrer Familie gehört, müssen Sie diese Kontakte entweder bei Flickr einladen und sich sozusagen ein eigenes Flickr-Adressbuch aufbauen oder entsprechende Einladungen mit Gästepässen versenden.

Vor- und Nachteile beider Varianten

Wenn Ihre Freunde und Bekannten auch Mitglied bei Flickr werden, können Sie einmalig festlegen, in welche Personengruppe Ihr Kontakt fällt. Immer wenn Sie dann neue Aufnahmen hochladen und für bestimmte Personengruppen freischalten, brauchen Sie sich nicht mehr darum zu kümmern, ob Ihre Freunde nun die Bilder sehen können oder nicht. Ihre Freunde würden einfach eine Einladung erhalten, sich bei Flickr mit einer Yahoo!-ID anmelden und könnten dann auf Ihrer Flickr-Startseite immer die neuesten Fotos von Ihnen sehen. Natürlich nur die Fotos, die Sie Ihren Kontakten auch zeigen möchten.

Da sich aber nicht jeder bei einem neuen Webdienst, den er oder sie vielleicht noch nicht kennt, anmelden möchte, vergibt Flickr auch sogenannte Gästepässe. Das heißt, dass Sie eine Webadresse, die einen speziellen Code enthält, zu Ihren Fotos und zu einzelnen Alben an Ihre Freunde senden können. Dieser spezielle Code ermöglicht Ihren Bekannten dann, auch die Fotos zu sehen, die nicht öffentlich sind und wofür man sich eigentlich bei Flickr hätte anmelden müssen. Diese Variante ist also insbesondere für Anmeldemuffel, aber auch für die Benutzer interessant, die nur auf einen Link klicken und Fotos ansehen wollen und für die der Anmeldeprozess gegebenenfalls zu schwierig wäre.

Der Nachteil der Gästepassvariante liegt aber auch auf der Hand: Jeder, der die Webadresse mit dem generierten Code erhält, kann auf nicht öffentliche Bilder von Ihnen zugreifen.

Kontakte bei Flickr einladen

Keine Angst – Sie müssen nicht Ihr Adressbuch mit allen Daten bei Flickr neu aufsetzen. Für Flickr ist nur die E-Mail-Adresse Ihrer Kontakte wichtig und natürlich die Information, welcher Personengruppe Sie den Kontakt zuordnen möchten. Die komplette Kontaktverwaltung bei Flickr finden Sie im Hauptmenü von der Startseite aus unter *Kontakte*.

Öffnen Sie das Kontaktmenü und wählen Sie *Kontakte/Freunde einladen*. Sie sehen nun einen neuen Bildschirm, über den Sie Einladungen über Flickr versenden können.

Einladungen manuell versenden

Falls Sie einige Freunde und Kontakte im Kopf haben, die Sie unbedingt ganz schnell zu Flickr einladen wollen, empfiehlt sich die Seite, die Sie nach dem Aufrufen von *Kontakte/Freunde einladen* sehen.

Dort haben Sie die Möglichkeit, per Hand die E-Mail-Adressen und die Namen von bis zu drei Kontakten anzugeben und diese Kontakte dann entweder nur als Kontakte einzuladen oder sie als Freunde oder sogar als Familienmitglieder zu markieren. Auf der rechten Bildschirmseite finden Sie einen vorgefertigten Text, der für die E-Mail verwendet wird. Einen Großteil des vorgefertigten Textes können Sie noch anpassen und erweitern. Anschließend können Sie diese E-Mail über *Senden* an Ihre Kontakte verschicken.

Eine E-Mail-Adresse ist immer ein eindeutiges Identifizierungsmerkmal, da es keine E-Mail-Adresse geben kann, die zwei oder mehreren Personen gehört. Schon wenn Sie die Einladungen verschicken, schaut Flickr im Hintergrund nach, ob diese E-Mail-Adressen bereits bei Flickr registriert sind, und gibt Ihnen Bescheid, wenn mindestens einer Ihrer Kontakte bei Flickr angemeldet ist. In diesem Fall wird die Person automatisch Ihren Kontakten hinzugefügt, erhält aber natürlich trotzdem eine E-Mail, damit sie auch auf Ihre Anfrage reagieren und Sie gegebe-

Einladungen zu Flickr einfach an Freunde verschicken.

nenfalls als Kontakt, Freund oder Familienmitglied hinzufügen kann.

Wenn die Empfänger Ihrer Einladung Flickr noch nicht benutzen, erhalten sie in der E-Mail einen Link, über den sie sich Ihren öffentlichen Fotostream ansehen können. Die E-Mail enthält zusätzlich einen Link, über den sich der Empfänger einfach bei Yahoo! und Flickr anmelden kann. Macht er dies, wird er automatisch Ihren Kontakten hinzugefügt und kann ebenfalls entscheiden, welcher Personengruppe er Sie zuordnet.

Um dies noch einmal zu bekräftigen: Wenn Sie Mitglieder als Freunde oder Familie markieren, sehen diese von dem Moment an auch die Bilder in Ihrem Fotostream, die von Ihnen entsprechend markiert wurden.

Markieren Sie jemanden als Freund oder Familie, heißt das aber noch nicht, dass Sie auch die nicht öffentlichen und als Freund oder Familie markierten Bilder dieser Person sehen können. Diese Person muss erst Sie selbst als Kontakt hinzufügen und der entsprechenden Personengruppe zuweisen, bevor Sie Zugriff auf diese Bilder oder Videos haben.

Mehrere Einladungen auf einmal verschicken

Der eben besprochene Bildschirm ist einfach zu bedienen, wird aber sehr schnell unpraktisch, wenn Sie nicht nur drei, fünf oder zehn Kontakte einladen möchten, sondern vielleicht eine ganze Liste von E-Mail-Adressen haben und diese gern als Kontakte hinzufügen würden.

Relativ versteckt befindet sich dazu eine Option auch auf dieser Seite. Wenn Sie auf der linken unteren Seite auf *Erweiterte Optionen* klicken, verändert sich das Aussehen der linken Spalte. Aus den Eingabefeldern für die drei möglichen Kontakte wird eine größere Texteingabebox, in die Sie bis zu 100 verschiedene E-Mail-Adressen eingeben können. Diese E-Mail-Adressen müssen entweder durch Kommata, Semikola oder Leerzeichen getrennt sein. Sie können auch jede neue E-Mail-Adresse auf eine neue Zeile schreiben.

Unterhalb dieses Texteingabefensters haben Sie die Möglichkeit, alle eingegebenen E-Mail-Adressen entweder mit dem Freunde- oder dem Familienstatus zu versehen. Wenn Sie keine der beiden Optionen auswählen, werden die Empfänger nur als Kontakt eingeladen und sehen lediglich die von Ihnen als öffentlich markierten Bilder und Videos.

Ein vorhandenes Adressbuch benutzen

Wenn Sie zu den Menschen gehören, die Ihr Adressbuch nicht mehr im Aktenkoffer, sondern im Internet gespeichert haben, kann Flickr auch automatisch einen Blick dort hineinwerfen und Ihnen genau mitteilen, wer bereits Mitglied bei Flickr ist und bei wem Sie gegebenenfalls eine Einladung verschicken müssen.

Obwohl die Importfunktion sicher und sehr komfortabel ist, ist sie auf der Seite für die Einladungen nicht einfach zu finden. Sie erreichen die Importseite entweder über einen Link – *Sie können Ihre Freunde bei Flickr auch mithilfe Ihres Adressbuchs von Yahoo! Mail bzw. anderer Onlinedienste finden.* – in der linken unteren Spalte auf der Seite, auf der Sie Einladungen verfassen können, oder direkt über die Webadresse *www.flickr.com/import/people/*.

Kontakte aus dem Yahoo!-Adressbuch importieren

Da Flickr zu Yahoo! gehört, ist es klar, dass diese Importfunktion nicht nur als Standardvariante angeboten wird, sondern auch am einfachsten zu bedienen ist, da Sie ja ohnehin schon bei Yahoo! angemeldet sind. Voraussetzung ist hier natürlich, dass Sie Ihr Yahoo!-Adressbuch auch unter der gleichen Yahoo!-ID pflegen, mit der Sie gerade jetzt bei Flickr angemeldet sind.

Um die Kontakte Ihres Yahoo!-Adressbuchs zu durchforsten und später eventuell auch zu importieren, klicken Sie einfach auf das Yahoo!-Maillogo auf der Importseite und anschließend auf *Los*.

1 Suchen Sie Kontakte, die bereits bei Flickr sind: Je nachdem, wie viele Kontakte Sie in Ihrem Yahoo!-Adressbuch haben, sucht Flickr eine kurze Weile und bietet Ihnen dann eine Übersicht an, in der Sie sehen, welche Ihrer Kontakte bereits bei Flickr sind. Sie erfahren gleichzeitig auch die Anzahl der Kontakte, mit denen Sie bereits bei Flickr befreundet und die auch in Ihrem Adressbuch sind.

   Zu jeder Person in Ihrem Adressbuch, die Flickr bereits mit einem Flickr-Konto identifizieren konnte, sehen Sie den Flickr-Namen, die Anzahl der Bilder und Videos, die die Person öffentlich verfügbar hat, die richtige E-Mail-Adresse und eine Reihe von Optionen. Direkt von diesem Fenster aus können Sie individuell pro Person bestimmen, ob diese Person als Kontakt, als Freund, als Familienmitglied oder überhaupt nicht hinzugefügt werden soll. Haben Sie diese Einstellungen vorgenommen, können Sie auf *Kontakte hinzufügen* klicken; die Kontakte werden automatisch Ihrer Kontaktliste hinzugefügt und erhalten eine E-Mail.

Kontakte automatisch aus Yahoo!, Google oder Microsoft-Diensten übernehmen.

2 Laden Sie Nichtmitglieder zu Flickr ein: Nachdem Flickr die Kontakte herausgefunden hat, die bereits bei Flickr sind, und Sie diese wahlweise Ihren Kontakten hinzugefügt haben, bekommen Sie auf der nächsten Bildschirmseite die Chance, die restlichen Kontakte zu Flickr einzuladen und per E-Mail Einladungen zu verschicken. Klicken Sie dazu auf *einladen* in dem Satz, der ungefähr so lauten wird: „In Ihrem Adressbuch befinden sich auch 109 Einträge, die gerade keine Flickr-Mitglieder sind. Möchten Sie sie einladen?“

Die Seite zum Einladen wird Ihnen bekannt vorkommen, nur dass Sie hier keine einzelnen Namen und E-Mail-Adressen Ihrer Wunschkontakte eingeben müssen, sondern diese schon vorgegeben sind. Alles, was Sie tun müssen, ist, zu

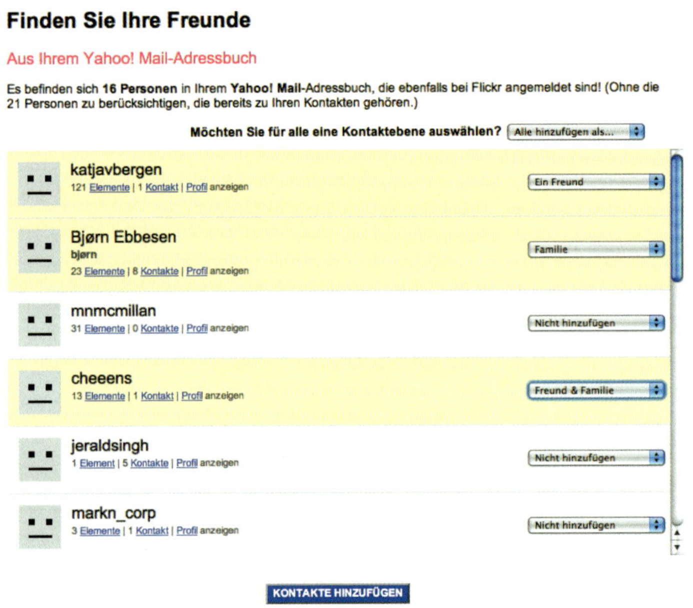

Nachdem die Kontakte ausgelesen sind, sehen Sie, wer bereits bei Flickr ist, und können diese Mitglieder wahlweise Ihren Kontakten hinzufügen.

entscheiden, welche Kontakte Sie anschreiben und ob Sie diese als Freund oder Familie markieren möchten.

Kontakte aus dem Google-Adressbuch importieren

Obwohl Flickr zu Yahoo! gehört, sind Sie bei der Importfunktion nicht nur auf Yahoo! beschränkt. Falls Sie Ihre Adressen im Google-Adressbuch bzw. bei Google Mail abspeichern, können Sie Flickr ähnlich komfortabel nach eventuell vorhandenen Flickr-Mitgliedern suchen lassen und Freunde zu Flickr direkt aus dem Adressbuch einladen.

1 Um Ihre Google-Kontakte zu durchforschen, klicken Sie einfach auf das Google Mail-Logo auf der Importseite und anschließend auf *Los*. Sie werden nun auf eine Seite von Google weitergeleitet, die Sie auffordert, sich bei Google anzumelden und somit sicherzustellen, dass Flickr auf Ihre Daten zugreifen darf.

2 Melden Sie sich also mit Ihren Google-Kontoinformationen an, und Sie werden bei erfolgreicher Anmeldung eine Seite sehen, die Sie fragt, ob Sie Flickr einen einmaligen Zugriff auf Ihre Google-Kontaktliste erlauben. Es handelt sich dabei um einen reinen Lesezugriff. Flickr bzw. Yahoo! wird Ihre Informationen bei Google nicht verändern und erhält auch nur die Adressliste zur Einsicht. Klicken Sie auf *Zugriff erlauben* (oder, falls Sie eine englische Seite sehen, auf *Grant access*), wenn Sie den Prozess weiterführen möchten.

3 Anschließend werden Sie wieder zurück zu Flickr geleitet. Sie sehen die Liste der Kontakte, die bereits bei Flickr angemeldet sind, und erhalten in einem zweiten Schritt die Möglichkeit, alle Ihre Kontakte aus Ihrem Google-Adressbuch anzuschreiben, die noch keine Kontakte sind. Diese beiden Schritte sind identisch mit den Schritten, die Sie bei einem Import Ihres Yahoo!-Adressbuchs durchführen müssen, und werden weiter oben ausführlich beschrieben.

Kontakte aus dem HotMail- bzw. Windows Live-Adressbuch importieren

Diese Methode ähnelt sehr dem Import von Google-Adressbuchdaten. Klicken Sie auf das *Windows Live Hotmail*-Logo und anschließend auf *Los*, um Ihre Kontakte im Windows Live-Adressbuch nach eventuell schon vorhandenen Flickr-

Freunden zu durchstöbern. Es wird ein neues Fenster angezeigt, in dem Sie sich mit Ihrer Windows Live-ID anmelden müssen. Ist dies erfolgreich erledigt, sehen Sie ein Fenster, in dem Sie gefragt werden, ob Flickr für einen bestimmten Zeitraum Ihre Adressbuchdaten lesen darf. Sind Sie damit einverstanden, klicken Sie einfach auf *Zugriff zulassen*, um wieder zu Flickr zurückzukehren.

Alle weiteren Schritte sind mit der Prozedur für die Yahoo!- oder Google-Kontakte identisch und werden in den jeweiligen Absätzen genauer behandelt.

Verlauf der Einladungen einsehen

1 Über den Hauptmenüpunkt *Kontakte/Verlauf der Einladungen* sehen Sie, ob Ihre Einladungen bislang von Erfolg gekrönt waren oder nicht. Meistens sehen Sie zuerst die Übersicht der Mitglieder, die Ihre Einladung angenommen und sich auch bei Flickr angemeldet haben.

2 Wenn Sie auf *Ausstehende Einladungen* klicken, sehen Sie eine Liste der Einladungen, die Sie zwar verschickt, deren Empfänger sich aber noch nicht bei Flickr angemeldet haben. Da eine Einladung immer auch einen direkten Link zu Ihrem öffentlichen Fotostream enthält, gibt diese Auflistung nicht wieder, ob die Empfänger Ihre Mail noch gar nicht gelesen oder sich Ihre öffentlichen Bilder bereits angesehen haben. Fakt ist, dass sie aber noch kein Flickr-Mitglied sind.

In der Liste der ausstehenden Einladungen sehen Sie den Namen der angeschriebenen Person sowie deren E-Mail-Adresse. Sie sehen in der nächsten Spalte, ob Sie diese Person nur als Kontakt, als Freund oder sogar als Familienmitglied eingeladen haben und vor allen Dingen, wann Sie die Einladung versendet haben. Somit sehen Sie direkt, dass sich Ihr guter Freund nach drei Monaten noch immer nicht angemeldet hat und somit Ihre persönlichen Bilder gar nicht sehen kann.

Auf der rechten Seite der Liste können Sie in so einem Fall über *Erneut senden* eine Erinnerung verschicken. Sie erhalten auch noch einmal die Möglichkeit, die Einladung ein wenig zu modifizieren, was den Text, die E-Mail-Adresse, den Namen und auch die Personengruppe angeht.

3 Falls Sie eine ausstehende Einladung aus der Liste löschen möchten, weil sie es nicht wert ist, beobachtet zu werden, können Sie dies einfach und effektiv über *Löschen* tun.

Nach anderen Mitgliedern bei Flickr suchen

Natürlich können Sie auch ohne den Adressimport feststellen, ob einer Ihrer Bekannten bereits Mitglied bei Flickr ist, und ihn dann als Kontakt

Andere Mitglieder suchen.

hinzufügen. Vielleicht haben Sie ja auch in einem Gespräch einen Flickr-Namen oder eine E-Mail-Adresse von jemanden erfahren, den Sie unbedingt in Ihrer Flickr-Kontaktliste haben möchten.

1 Im Hauptmenü finden Sie die Option *Kontakte/Mitglieder suchen*, die Sie zu einer Seite mit einem Suchfeld leitet. Geben Sie hier einfach entweder den richtigen Namen, den Flickr-Namen oder die E-Mail-Adresse der Person ein, die Sie finden möchten. Falls Ihnen der Name oder die E-Mail-Adresse nicht bekannt ist, können Sie immer noch in den anderen Feldern wie Hobbys oder Interessen suchen, müssen dazu aber die Suche mit einem Klick auf *Interessen o. ä.* umstellen.

2 Weiterhin können Sie einen Filter bei Ihrer Suche einsetzen. Obwohl die Suchfunktion standardmäßig alle Flickr-Mitglieder durchsucht, können Sie über das Ausklappmenü links neben der Suchbox den Suchkreis auf Ihre eigenen Kontakte, Ihre Freunde oder Familienmitglieder beschränken.

3 Wenn Sie eine oder mehrere Personen gefunden haben, klicken Sie in den Suchergebnissen auf *Profil anzeigen*. Sie werden dann zu dem Flickr-Profil des gefundenen Mitglieds geleitet und können dort über *Als Kontakt hinzufügen* das Mitglied als neuen Kontakt speichern. Bevor der Kontakt aber gesichert wird, sehen Sie ein Dialogfenster, in dem Sie bestimmen können, ob der neue Kontakt nicht vielleicht doch als Freund oder Familienmitglied gekennzeichnet werden soll.

Ein Mitglied Kontakt hinzufügen

Ihnen wird es hoffentlich sehr oft passieren, dass Sie die Fotos eines anderen Mitglieds ansehen und denken: Wow! Von dem Fotografen würde ich gern immer die neuesten Aufnahmen sehen. Wenn Sie sich den Fotostream dieser Person ansehen, finden Sie relativ weit oben die Option *Als Kontakt hinzufügen.*

Sehen Sie sich nur ein Bild einer Person an, müssen Sie erst auf den Fotostream dieser Person wechseln, um diese wie eben beschrieben als Kontakt hinzufügen zu können.

Bedenken Sie, dass Sie jede Person, deren Bilder Sie interessieren, ruhig als Kontakt hinzufügen können. Auch wenn *Kontakt* doch recht persönlich klingt, ist es ja nichts weiter als ein Lesezeichen auf die neuesten Bilder, die ohnehin von dem Mitglied öffentlich auf Flickr gestellt wurden.

Wenn andere Sie als Kontakt hinzufügen

Je besser die Bilder und Videos sind, die Sie bei Flickr für jedermann sichtbar veröffentlichen, desto mehr Fans werden Sie bekommen und desto mehr Mitglieder werden Sie als Kontakt hinzufügen.

Wenn jemand sich dafür entscheidet, Sie bei sich als Kontakt hinzuzufügen, um beispielsweise Ihre neuesten Bilder auf seiner Flickr-Startseite zu sehen, geht eine FlickrMail in Ihr Flickr-Postfach. Sie müssen auf diese Mail oder auch auf diese Anfrage nicht reagieren, können es aber natürlich.

Kennen Sie die Person und würden auch gern ihre neuesten Fotos sehen, klicken Sie auf den Link in der Mail, der den Sender Ihrer Kontaktliste hinzufügt. Während des Prozesses können Sie festlegen, ob der Sender ein Freund oder ein Familienmitglied ist.

Wenn Sie die Person nicht kennen

In diesem Fall empfiehlt sich folgende Prozedur: Schauen Sie sich die Aufnahmen des Senders an. Ein entsprechender Link auf den Fotostream befindet sich in der E-Mail. Wenn Sie Aufnahmen sehen, die nicht Ihrem Geschmack entsprechen oder Sie abstoßen, empfiehlt es sich, diese Person nicht auch noch als Kontakt hinzuzufügen oder gar überhaupt irgendeine Verbindung aufzunehmen. Auf der Kontakthauptseite befindet sich nämlich eine Option, mit der jeder Nutzer sehen kann, für wen Sie ein Kontakt sind.

Auch wenn der Großteil der Flickr-Benutzer ausschließlich anständige Aufnahmen öffentlich verfügbar hat, möchten Sie sicherlich in keiner Verbindung mit einem Mitglied stehen, das die Regeln nicht befolgt. Deshalb: Prüfen Sie den Fotostream der Person, die Sie als Kontakt hinzugefügt hat. Falls Sie die Verbindung nicht möchten, sollten Sie dieses Mitglied blockieren. Wie Sie dies tun, erfahren Sie auf den nächsten Seiten, wenn Sie lernen, wie Sie Ihre Kontakte am besten organisieren.

Mit Gästepässen arbeiten

Wenn Sie Freunde und Verwandte haben, die gern Ihre Aufnahmen bei Flickr sehen würden, vor dem Anmelden bei Flickr, Yahoo! oder generell im Internet aber zurückschrecken, können mittels der Gästepässe diese Freunde auch in den Genuss Ihrer nicht öffentlichen Bilder kommen.

Praktisch ist das Verschicken von Gästepässen auch, wenn Sie beispielsweise vielen Freunden in einer privaten Massenmail Ihre neuesten Fotos zeigen möchten. Da Sie nicht davon ausgehen können, dass jeder Freund Ihren Aufruf, sich bei Flickr anzumelden, folgt, können Sie einfach einen Gästepass in Ihre E-Mail kopieren.

Gästepässe erstellen

Gästepässe können für ein einzelnes Bild, für ein einzelnes Album oder für Ihren gesamten Fotostream erstellt werden.

Einen Gästepass für ein Album erstellen

Einen Gästepass für ein einzelnes Album anzulegen ist wahrscheinlich die populärste und am meisten genutzte Variante. Beispielsweise wollen Sie Ihren Freunden in einer Mail berichten, dass Sie jetzt wieder aus Ihrem Italienurlaub zurück sind und einige Fotos auf Flickr gestellt haben. In diesem Fall müssen Sie nur, wie weiter oben beschrieben, ein Album mit Ihren Urlaubsfotos anlegen.

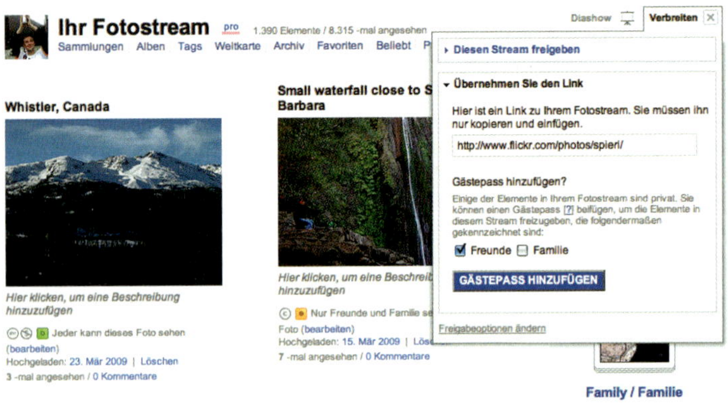

Gästepass für ein Album ausstellen.

Ein Album mit Freunden teilen

Es bieten sich Ihnen zwei Möglichkeiten, ein Album mit Ihren Freunden zu teilen. Zum einen kann Flickr den kompletten Versand der E-Mails übernehmen, und Sie sagen Flickr lediglich, an wen Sie den Albumlink schicken möchten. Zum anderen kann Ihnen Flickr auch nur einen Link generieren, den Sie in Ihre E-Mail kopieren und an Ihre Freunde schicken können.

Ist das Album fertig angelegt, finden Sie auf der Hauptseite des Albums neben dem Link zum Starten der Diashow den Link *Verbreiten*. Klicken Sie auf diesen, um ein weiteres Dialogfenster zu öffnen.

E-Mail-Versand über Flickr

Um Flickr die E-Mail schicken zu lassen, müssen Sie nur unter *Dieses Album freigeben* die E-Mail-Adresse oder den Flickr-Namen des gewünschten Kontakts angeben. Wollen Sie das Album an jemanden schicken, der schon ein Flickr-Kontakt von Ihnen ist, brauchen Sie in der Regel nur die ersten Buchstaben des Namens oder seiner E-Mail-Adresse einzugeben, damit Flickr den Kontakt finden kann und zur Auswahl anzeigt.

Wenn Ihr Album Aufnahmen enthält, die nicht öffentlich verfügbar sind, können Sie durch Markieren von *Freunde*, *Familie* oder *Privat (Nur Sie)* auswählen, welche Art von Aufnahmen Sie für die Empfänger zusätzlich zu den öffentlichen Bildern mit freischalten. Der Link in der E-Mail, die Flickr an Ihre Kontakte schickt, wird dann so verändert, dass ein bestimmter Code hinzugefügt wird, der auch alle von Ihnen im jeweiligen nicht öffentlichen Level markierten Bilder dem Empfänger der E-Mail anzeigt.

Falls Sie Ihrer Mail eine persönliche Nachricht hinzufügen möchten, können Sie das über *Nachricht hinzufügen* tun. Andernfalls versenden Sie die Mail an die angebenden Kontakte durch einen Klick auf *Senden*.

E-Mail-Versand durch das eigene Mail-System

Sie können einen Albumlink mit Gästepass auch über eine von Ihnen verschickte Mail verteilen. Dazu muss Flickr nur den richtigen Link, den Sie dann in Ihre E-Mail kopieren, generieren.

Um einen Link zu erhalten, klicken Sie in der Dialogbox einfach auf *Übernehmen Sie den Link*. Standardmäßig wird auch hier kein Gästepass hinzugefügt und einfach die normale Webadresse angezeigt, die Sie auch in der Adressleiste Ihres Browsers sehen.

Durch das Hinzufügen eines Gästepasses, der den Empfängern auch Zugriff auf Ihre nicht öffentlichen Bilder gibt, ändert sich der Link. Vergessen Sie aus diesem Grund nicht, auf *Gästepass hinzufügen* zu klicken, wenn Sie eine Gästepassoption ausgewählt haben. Sobald der Link für Sie aktualisiert wurde, können Sie ihn in Ihre E-Mail übernehmen. Markieren Sie dazu den generierten Link und wählen Sie per rechter Maustaste die Option *Kopieren* aus. In Ihre E-Mail können Sie die Webadresse mit *Einfügen* kopieren und dann an die gewünschten Empfänger verschicken.

Einen Gästepass für ein einzelnes Foto oder Video erstellen

Falls Sie jemandem nur ein einzelnes Foto oder Video zusenden möchten, können Sie das in ähnlicher Art und Weise wie bei einem Album tun. Gehen Sie dazu einfach auf die Detailseite einer Aufnahme und klicken Sie dort ebenfalls auf den Link *Verbreiten* in der oberen rechten Ecke.

Da es sich hier nur um eine einzelne Aufnahme handelt, brauchen Sie nicht anzugeben, ob Sie einen Gästepass hinzufügen möchten, da Flickr ja für dieses eine Bild automatisch weiß, ob es ein nicht öffentliches Bild ist und Sie gerade im Begriff sind, es an jemanden zu schicken. Bei Bedarf wird somit automatisch ein Gästepass mit eingeschlossen. Ansonsten stehen Ihnen auch hier die beiden Optionen zur Verfügung, dass entweder Flickr die Nachricht versendet oder für Ihre eigene E-Mail ein Link zum Kopieren generiert wird. Allerdings wird Ihnen auffallen, dass auch eine dritte Option angeboten wird: *Bloggen.* Falls Sie einen eigenen Blog betreiben, können Sie jedes Foto oder Video über diese Option ganz schnell Ihrem Blog hinzufügen. Blogs werden im Detail im nächsten Kapitel behandelt.

Einen Gästepass für Ihren Fotostream erstellen

Wenn Sie nicht nur einzelne Bilder oder ein einzelnes Album immer mal jemandem zur Verfügung stellen wollen, sondern der Meinung sind,

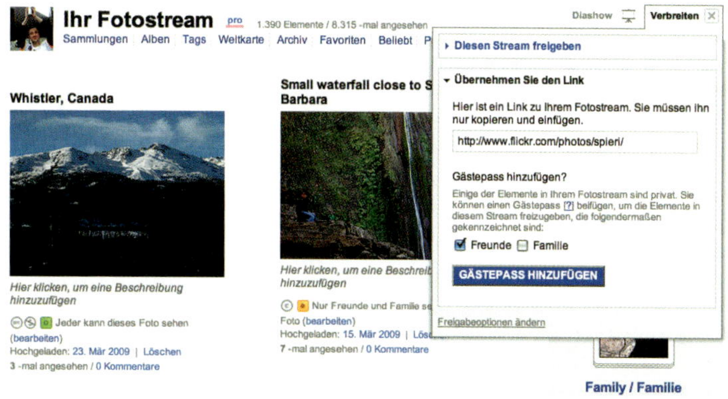

Ein Gästepass kann auch beim Fotostream über die *Verbreiten*-Funktion ausgestellt werden.

dass diese Person es verdient hat, nahezu alle Ihre Inhalte, die Sie hochgeladen haben, ohne Anmeldung anzusehen, können Sie auch für Ihren kompletten Fotostream einen Gästepass ausstellen.

Im Gegensatz zu den Gästepässen für Alben und einzelne Aufnahmen können Sie keinen Freipass für die ganz privaten Aufnahmen in Ihrem Fotostream ausstellen. Ein Gästepass kann hier nur Aufnahmen freischalten, die für Freunde und Familienmitglieder eingeordnet wurden. Inhalte, die Sie als privat und somit nur für sich selbst sichtbar gekennzeichnet haben, sind innerhalb dieses globalen Gästepasses nicht sichtbar.

Das Prozedere zum Ausstellen eines Fotostream-Gästepasses ähnelt den beiden vorher besprochenen Varianten. Gehen Sie einfach auf Ihren Fotostream – klicken Sie auf *Sie* im Hauptmenü oder auf *Ihr Fotostream* auf der Flickr-Startseite – und wählen Sie dort den Link *Verbreiten.*

Gästepässe verwalten und zurückrufen

Ist ein Gästepass einmal ausgestellt und verschickt, kann man glücklicherweise noch eingreifen, wenn man einmal einen Fehler gemacht hat und feststellt, dass eine oder mehrere Personen den Pass und somit den Freifahrtschein zum Betrachten Ihrer Aufnahmen unabsichtlich erhalten haben.

Übersicht über die ausgestellten Gästepässe.

Im Hauptmenü unter *Kontakte/Verlauf der Gästepässe* können Sie eine spezielle Seite aufrufen, die alle jemals von Ihnen ausgestellten Gästepässe auflistet. Zu jedem Gästepass sehen Sie das Ausstellungsdatum, wie oft er aufgerufen und somit benutzt wurde und welche Personengruppen er einschließt. Mit einem Klick auf *Link für Gästepass* ist der verwendete Link abrufbar und kann noch einmal in eine E-Mail kopiert werden.

Falls Sie einen Gästepass deaktivieren möchten, da Sie sich nicht mehr sicher sind, wer den Pass eigentlich hat und benutzt, oder wenn Sie denken, dass der Pass missbraucht wird, können Sie jeden Gästepass auch wieder deaktivieren. Klicken Sie dazu einfach auf *Deaktivieren* neben dem entsprechenden Pass. Ein deaktivierter Pass kann nicht mehr aktiviert werden.

Kontakte organisieren

Um eine Liste Ihrer Kontakte zu sehen und um diese zu bearbeiten, wählen Sie aus dem Hauptmenü den Punkt *Kontakte/Kontaktliste*. Die da-

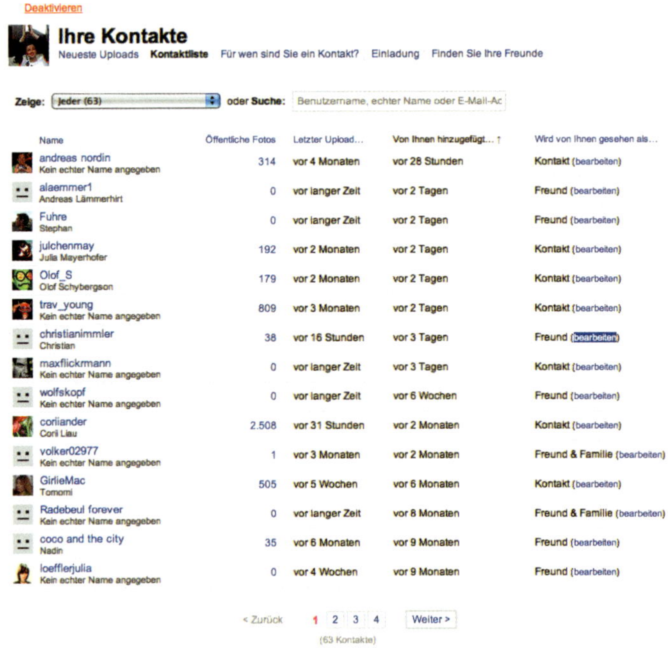

Kontaktmanagement bei Flickr.

raufhin erscheinende Seite enthält eine mehr oder weniger lange Liste aller Mitglieder, die Sie als Kontakte, Freunde oder Familienmitglieder hinzugefügt haben. Die Liste kann über das Ausklappmenü neben der Suchbox nach Kontakten gefiltert werden, die beispielsweise Ihre Freunde oder Familienmitglieder sind. Weiterhin können Sie durch einen Klick auf die Begriffe im Tabellenkopf der Liste die Sortierweise ändern.

Eine Klick auf *Name* sortiert alle Kontakte in alphabetischer oder umgekehrt alphabetischer Reihenfolge. Ein Klick auf *Öffentliche Fotos* sortiert die Liste nach den Kontakten, die die meisten oder die wenigsten öffentlichen Inhalte hochgeladen haben. Wenn Sie auf *Letzter Upload* klicken, werden Ihre Kontakte chronologisch nach der Aktualität der Fotostreams Ihrer Kontakte geordnet. Mit einem Klick auf *Wird von Ihnen gesehen als* sortieren Sie nach der Art der Personengruppe (Kontakt, Freund, Familienmitglied), unter der Sie den jeweiligen Kontakt eingeordnet haben.

Direkt von der Kontaktliste aus können Sie das Verhältnis zu der Person ändern und beispielsweise einen einfachen Kontakt zu einem Freund oder umgekehrt werden lassen.

Für wen sind Sie ein Kontakt?

In der Kontaktliste können Sie am oberen Rand eine Option auswählen, die Ihnen anzeigt, wer Sie eigentlich so alles als Kontakt gekennzeichnet und in seiner Flickr-Kontaktliste hat. Die Liste, die Sie über den Link *Für wen sind Sie ein Kontakt?* sehen, ähnelt sehr der eigenen Kontaktliste, zeigt aber auch den Ort der Person, falls diese ihren Wohnort im Profil angegeben hat.

Steht in der Spalte *Wird von Ihnen gesehen als* der Eintrag *Noch nichts*, haben Sie diese Person noch nicht als Kontakt hinzugefügt. Auch kann dieses Mitglied nur Ihre öffentlichen Bilder und Videos sehen. Möchten Sie das ändern, können Sie es direkt aus dieser Liste heraus tun.

Kontakte blockieren

Leider ist es manchmal notwendig, eigene Kontakte oder andere Mitglieder zu blockieren und ihnen den Zugriff auf Ihre Bilder und Videos zu verweigern. Da eine Blockieren-Option in den Listendarstellungen nicht angeboten wird, müssen Sie auf den Flickr-Namen des betreffenden Mitglieds klicken, um auf dessen Fotostream zu gelangen. Vom Fotostream aus können Sie mit einem Klick auf *Profil* auf die Profilseite des Nutzers gelangen.

Von der Profilseite eines Mitglieds aus haben Sie dann die Möglichkeit, über *Diese Person blockieren* genau das zu tun.

Blockierter Kontakt

Ein blockierter Kontakt kann nicht mehr auf Ihre Fotos oder auf Ihre Profilseite zugreifen. Wichtig ist auch, dass Sie nicht mehr in seiner Kontaktliste auftauchen.

Neueste Uploads Ihrer Kontakte

Nachdem Sie nun erfolgreich Ihre Flickr-Kontakte aufgebaut und Ihre Kontaktliste angelegt haben, sollen Sie natürlich auch wissen, wo Sie die neuesten Bilder und Videos Ihrer neuen Kontakte sehen.

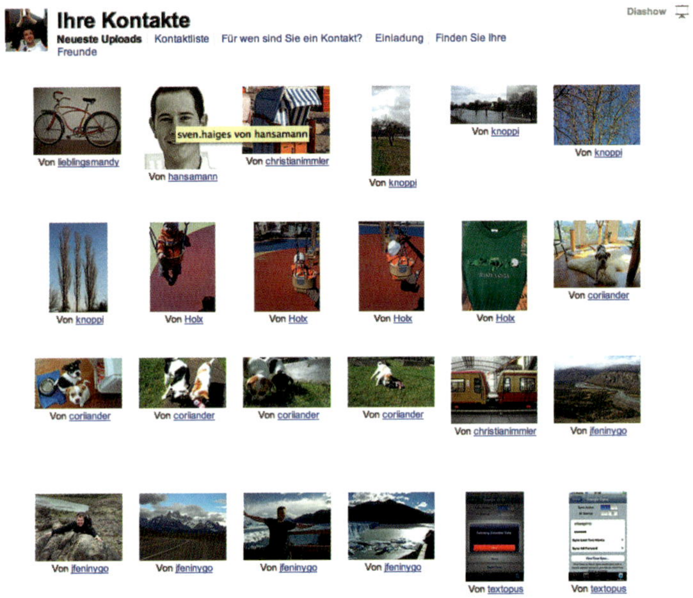

Neue Bilder Ihrer Kontakte auf einen Blick.

Um aus dieser Darstellung heraus auf den Fotostream des Kontakts zu gelangen, klicken Sie einfach auf dessen Flickr-Namen unterhalb des jeweiligen Bildes. Mit einem Klick auf *Ihre Kontakte* gelangen Sie zu einer größeren Übersichtsseite, auf der wesentlich mehr Bilder pro Seite dargestellt werden. Am unteren Fensterrand können Sie die Darstellung etwas anpassen, indem Sie sich beispielsweise nur die neuesten Inhalte Ihrer Freunde und Familienmitglieder anzeigen lassen oder die Anzahl der Miniaturbilder pro Person beeinflussen.

Fotos mit Rechten versehen

Wie bereits kurz angesprochen, können Sie Ihre Aufnahmen wahlweise mit Lizenzen versehen. Dies ist insbesondere dann zu beachten, wenn

Zum einen sehen Sie sie direkt auf Ihrer Flickr-Startseite. Klicken Sie einfach auf das Flickr-Logo in der oberen linken Ecke, um zur Startseite zu gelangen. Unter dem Abschnitt *Ihre Kontakte* sehen Sie meistens die zehn neuesten Aufnahmen Ihrer Kontakte. Je nachdem, wie viele Kontakte Fotos und Videos für Sie sichtbar veröffentlicht haben, sehen Sie mal mehrere Bilder von einer Person in dieser Liste und manchmal – wenn viele Ihrer Kontakte aktiv waren – nur ein Bild oder Video pro Person in Kleindarstellung.

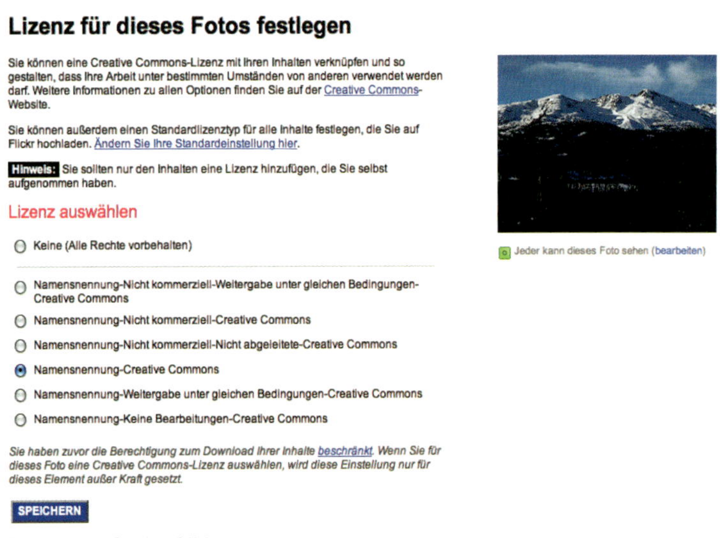

Lizenzauswahl für ein Bild.

Sie Ihre Bilder öffentlich und für alle sichtbar stellen.

Lizenzen regeln, was andere Flickr-Benutzer mit Ihren Bildern machen können. Haben Sie bisher die Lizenzoptionen in Flickr für sich nicht geändert, werden alle Ihre Bilder und Videos ohne Lizenz eingestellt, was bedeutet, dass alle Rechte bei Ihnen liegen und Sie automatisch für keinen anderen Benutzer eine Nutzungslizenz einräumen. Flickr bietet aber auch eine Reihe von vorgefertigten Lizenzvereinbarungen an, die die Verwendung Ihrer Aufnahmen für andere Benutzer regeln.

Creative Commons-Lizenz

Wenn Sie sich dafür entscheiden, dass Ihre Bilder und Videos auch für andere nutzbar sein sollen, können Sie diese Inhalte mit einer Creative Commons-Lizenz versehen. Nutzbar meint in diesem Fall, dass andere Ihr Werk beispielsweise in Broschüren, Zeitschriften oder anderen Publikationen (auch im Internet) verbreiten und zugänglich machen dürfen.

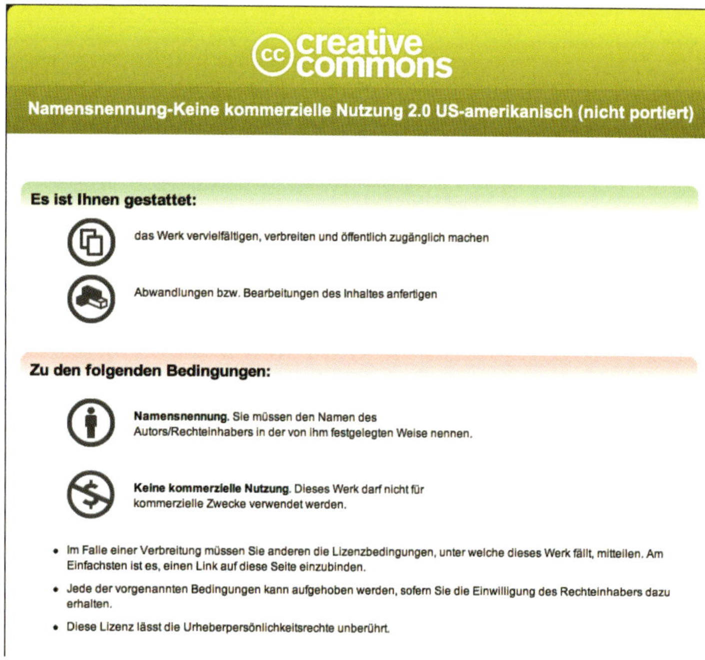

Creative Commons-Seite mit mehrsprachigen Erklärungen dazu, was mit dem Bild gemacht werden darf. Auf diese Seite linkt Flickr automatisch bei Vergabe einer CC-Lizenz.

Creative Commons kann mit „schöpferisches Gemeingut" übersetzt werden und ist eine Gemeinschaft, die in der Onlinewelt kostenlos Standardlizenzverträge veröffentlicht, mit deren Hilfe Sie beispielsweise anderen Nutzern bestimmte Rechte an Ihren Bilder und Videos einräumen. Derzeit bietet Flickr Creative Commons-Lizenzen mit wahlweise folgenden Einschränkungen an:

- *Namensnennung*: Bei einer Verwendung Ihrer Aufnahmen muss Ihr Name als Rechteinhaber des Bildes oder des Videos genannt werden.
- *Keine kommerzielle Nutzung*: Die Aufnahmen dürfen nur für nicht kommerzielle Projekte verwendet werden. Eine kommerzielle Nutzung, wie beispielsweise in einem Buch oder in einer Zeitschrift, ist untersagt.
- *Weitergabe unter gleichen Bedingungen*: Falls ein anderer Benutzer Ihre Aufnahmen, die mit dieser Lizenzoption veröffentlicht wurden, verändert, umgestaltet oder als Grundlage für ein neues Werk verwendet, darf diese neue oder veränderte Schöpfung nur unter den gleichen Lizenzbedingungen wie Ihr Bild vertrieben bzw. veröffentlicht werden.

- *Keine Bearbeitung*: Diese Lizenzoption verbietet jegliche Weiterbearbeitung Ihrer Inhalte.

FlickrMail

Wenn Nachrichten bei Flickr ausgetauscht werden, erfolgt das in der Regel über das eigene Mailsystem. Ja, Sie haben richtig gelesen: Flickr hat ein eigenes Mailsystem, das unabhängig von Ihrer privaten E-Mail ist, die Sie auf Ihrem PC im Internet oder beispielsweise in Outlook lesen.

In einer offenen Gemeinschaft ist es praktisch, solch ein Nachrichtensystem einzubauen, da Sie Nachrichten für viele verschiedene Anlässe erhalten – beispielsweise wenn Sie ein neues Mitglied hinzugefügt haben oder jemand Ihre Einladung angekommen hat. Der wirklich praktische und sichere Grund ist aber, dass Sie sicherlich nicht möchten, dass Ihre normale und private E-Mail-Adresse bei Flickr steht, Sie aber trotzdem für andere Mitglieder – die beispielsweise eine Frage zu Ihren Bildern haben oder Ihnen zu einer besonders guten Aufnahme gratulieren möchten – erreichbar sein wollen.

Posteingang

Ihr Posteingang ähnelt dem eines normalen E-Mail-Kontos. Sie können den Posteingang entweder über das Briefumschlagsymbol in der rechten oberen Ecke oder über das Hauptmenü unter *Sie/FlickrMail* erreichen.

Wenn Sie eine neue ungelesene Nachricht im Posteingang haben, wird Ihnen am oberen Bildschirmrand zusätzlich angezeigt, wie viele neue Mails darauf warten, von Ihnen gelesen zu werden.

Ihr Posteingang listet alle Ihre Nachrichten und zeigt Ihnen den Absender, den Betreff der Nachricht sowie das Datum, an dem die Nachricht verschickt wurde. Neben jeder Nachricht befindet sich eine kleine Box, die Sie mit der Maus markieren können, wenn Sie die Nachricht gern löschen möchten. Um Nachrichten zu löschen, müssen Sie nach der Auswahl noch auf *Löschen* am unteren Ende der Liste klicken.

Mit einem Klick auf den jeweiligen Begriff können Sie nach Absender, Betreff und Datum sortieren. Wenn Sie eine Nachricht lesen möchten, müssen Sie auf die Betreffzeile einer Nachricht oder auf den an der linken Seite immer angezeigten Briefumschlag klicken.

Vom Posteingang aus können Sie auch auf bereits versendete Nachrichten zugreifen. Klicken Sie dazu einfach auf den Link *Gesendet* im oberen Bereich des Posteingangs.

Sieht aus wie E-Mail, ist aber FlickrMail.

Neue Nachricht schreiben

Wenn Sie einem Ihrer Flickr-Kontakte eine Nachricht schreiben möchten, können Sie das über FlickrMail einfach erledigen. Klicken Sie dazu vom Posteingang aus auf *Neue Nachricht verfassen*. Sie gelangen dann auf eine neue Seite, auf der Sie den Namen des Flickr-Mitglieds eingeben können. Mit jedem eingegebenen Buchstaben sucht Flickr schon nach möglichen Kontakten und zeigt Ihnen diese zur Auswahl an. Haben Sie Ihre Nachricht fertig geschrieben, können Sie die FlickrMail mit einem Klick auf *Senden* verschicken.

Sie können einem Mitglied aber auch von seiner Profilseite aus eine FlickrMail schreiben. Das ist dann sinnvoll, wenn Sie in einer Gruppe sehr interessante Fotos oder Videos entdeckt haben und mit dem Fotografen in Kontakt treten wollen.

Wenn Sie auf dem Fotostream eines Mitglieds sind, klicken Sie einfach auf *Profil*, um auf die Profilseite zu gelangen. Auf der Profilseite befindet sich unterhalb des Namens der Link *FlickrMail senden*. Wählen Sie diesen Link aus, um zu FlickrMail zu wechseln und eine Nachricht zu schicken.

E-Mail-Benachrichtungen bei Aktivitäten erhalten

Sie können FlickrMail auch mit Ihrem richtigen E-Mail-Konto verbinden und somit nicht nur eine Nachricht in Ihre Flickr-Nachrichtenzentrale, sondern auch zu Ihrer normalen E-Mail-Adresse erhalten. Um diese Einstellungen vorzunehmen, gehen Sie einfach über das Hauptmenü *Sie/Ihr Account* in die Account-Einstellungen und klicken dann auf *E-Mail*.

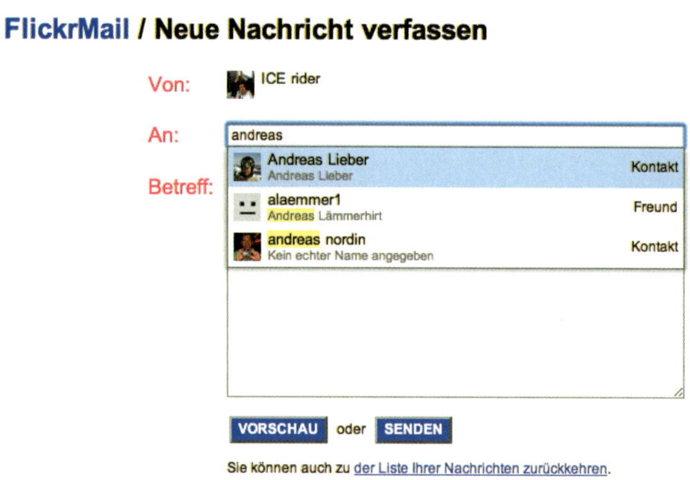

Auswahl des Empfängers

Hier sehen Sie am unteren Ende zwei wichtige Optionen: Sie können festlegen, ob Ihnen eine Nachricht an Ihre normale E-Mail-Adresse geschickt werden soll, wenn beispielsweise ein anderer Benutzer Ihre Bilder oder Videos kommentiert oder wenn Ihre Kontakte neue Fotos hochgeladen haben. Über den Link *bearbeiten* können Sie Anpassungen in Bezug auf die Art der E-Mails und deren Intervall vornehmen.

Erfolg in der Community mit Gruppen und Blogs

Nun haben Sie bereits erfahren, wie Sie Ihre Familienmitglieder und Freunde in Ihre neue Flickr-Welt einbinden und mit Ihnen Fotos tauschen können. Jetzt erfahren Sie etwas über die Gruppenfunktionalität von Flickr, die Ihnen die Chance gibt, Bilder, Videos, Mitglieder und Diskussionen zu den verschiedensten Themen zu entdecken. Andererseits können Sie mit einer Gruppenmitgliedschaft auch andere Benutzer, die sich für die gleichen Dinge interessieren wie Sie, mit Ihren Fotos und Videos glücklich machen.

Flickr-Gruppen

Wenn die Interaktion mit Freunden auf Flickr schon Spaß macht, dann bringen Sie die Flickr-Gruppen so richtig in die Gemeinschaft der Flickr- und Fotofreunde. Mit Gruppen können Sie Gedanken und Bilder mit anderen austauschen, an Diskussionen teilnehmen, Fragen stellen und vor allen Dingen: viele Bilder und Videos entdecken.

Öffentliche Gruppen

Öffentliche Gruppen sind nicht nur durch jedes Flickr-Mitglied einsehbar, sondern auch von jeder Person im Internet, das die Adresse der Gruppe kennt. Das beinhaltet die Fotos oder Videos, die als öffentlich markiert wurden, und in der Regel auch die Diskussionsbeiträge. Die Mitgliederliste ist ebenfalls öffentlich, allerdings muss man bei Flickr angemeldet sein, um sie zu sehen.

Obwohl jeder eine öffentliche Gruppe sehen kann, kann nicht unbedingt jeder seine Aufnahmen in jede öffentliche Gruppe stellen. Manche Gruppen erlauben das Einstellen von Inhalten nur per Einladung, während andere überhaupt keine Einschränkungen besitzen.

Was sind Gruppen?

Gruppen, wenn man Sie denn definieren müsste, sind themenspezifische Sammlungen von Fotos und Videos zusammen mit einem Diskussionsforum ihrer Mitglieder. Flickr unterscheidet zwischen öffentlichen und privaten Gruppen. Auf beide soll zunächst grob eingegangen werden.

Auf der Hauptseite einer Gruppe.

Öffentlich – jeder kann beitreten

Bei dieser Gruppenart kann jedes Mitglied eine bestimmte oder eine unbegrenzte Anzahl von Bildern und Videos in die Gruppe einstellen und an den Gruppendiskussionen teilnehmen. Die Moderatoren der Gruppe können zwar bestimmte Diskussionsbeiträge oder Inhalte nur für Gruppenmitglieder freischalten, da aber jeder ohne Weiteres Mitglied werden kann, ist dies kein qualitativer Schutz. Eine öffentliche Gruppe, der jeder Flickr-Benutzer beitreten kann, eignet sich besonders gut, wenn man sehr breite Themen abdecken und diskutieren will.

Autobilder jeglicher Art bietet beispielsweise die Gruppe *Cars Cars Cars*, die weit über hunderttausend Elemente sowie mehrere Tausend Mitglieder besitzt: *www.flickr.com/groups/carscarscars/*.

Öffentlich – Mitgliedschaft nur auf Einladung

Auch diese Gruppenart ist öffentlich einsehbar, doch können Sie nicht so einfach Mitglied der Gruppe werden. Mitglied der Gruppe können Sie nur werden, wenn die Gruppenmoderatoren Ihrer Mitgliedsanfrage stattgeben oder Sie speziell einladen.

Wie schon mehrfach erwähnt, finden Sie bei Flickr eine unglaublich hohe Qualität an Fotos und Videos und natürlich auch an Gruppen. Viele dieser hoch qualitativen Gruppen möchten ihren Standard hoch halten und laden daher nur Personen ein, die ebenfalls besonders gute Aufnahmen auf Flickr gestellt haben, die auch zur Gruppenthematik passen.

Ein gutes Beispiel für eine lebendige Gruppe, die nur Bilder nach Einladung aufnimmt, ist *Super Shots – www.flickr.com/groups/supershot/*.

Private Gruppen

Wie der Name schon sagt, sind private Gruppen nicht öffentlich, sondern nur für Sie und die Mitglieder bestimmt, denen Sie Zugriff auf diese Gruppe erlauben. Eine private Gruppe kann beispielsweise eine Gruppe für Ihre Familie oder für die Mitarbeiter Ihrer Firma sein. Eine private Gruppe kann in der Suche von anderen nicht gefunden werden und wird übrigens auch nicht auf Ihrer Flickr-Profilseite angezeigt.

Sind Sie Mitglied einer öffentlichen Gruppe, ist diese auf Ihre Profilseite gelistet und einsehbar. Eine private Gruppe taucht dort nicht auf.

Nach einer Gruppe suchen

Um Gruppen richtig zu verstehen und zu entdecken, empfiehlt es sich, einige Gruppen zu durchforsten und sich näher anzusehen. Nehmen wir

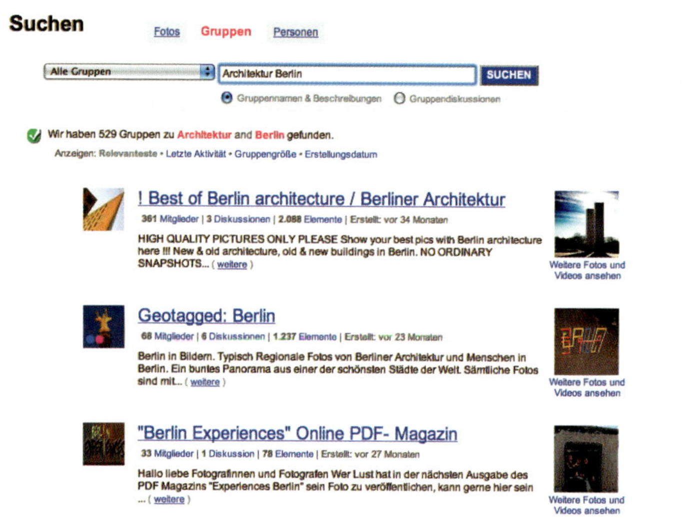

Gruppe gesucht und gefunden.

an, Sie interessieren sich für „Architekturaufnahmen in Berlin" und suchen eine Gruppe, in der Sie sich gute Fotos zu diesem Fachgebiet ansehen und mit ein paar Gleichgesinnten eventuell sogar Tipps und Tricks und sehenswerte Orte austauschen können.

Gruppen gezielt durchsuchen

1 Um eine Gruppe gezielt zu finden, gehen Sie am besten im Hauptmenü auf den Menüpunkt *Gruppen/Gruppe suchen*. Dies bringt Sie zu dem bekannten Suchbildschirm, über den Sie Fotos und Videos oder auch Personen, also Mitglieder, suchen können. In diesem Fall ist jedoch die Suchfunktion für Gruppen aktiviert.

2 Geben Sie in das Suchfeld den Begriff *Architektur* ein und klicken Sie auf *Suchen*. Obwohl es sich hier nur um einen deutschen Begriff handelt, ist er doch sehr weit gefasst und bringt Ihnen schon weit über 1.000 Ergebnisse.

   Sie sehen die Anzahl der Suchergebnisse im oberen Bereich des Fensters. Jede dargestellte Gruppe enthält folgende Informationen:

   - Ein kleines Bild, das die Gruppenthematik repräsentiert.
   - Den Namen sowie einen Ausschnitt der Gruppenbeschreibung.
   - Die Anzahl der Mitglieder der aktuell stattfindenden Diskussionen.
   - Die Anzahl der einsehbaren Elemente, also der Fotos und Videos der Gruppe.
   - Das Erstellungsdatum.

   Sie können nun natürlich durch alle aufgelisteten Gruppen blättern, aber es ist wahrscheinlich ratsamer, den Suchbegriff zu modifizieren.

3 Geben Sie nun *Architektur Berlin* als Suchbegriff ein, und Sie werden sehen, dass die Ergebnisse schon eher Ihrem Geschmack entsprechen werden.

Alle Suchergebnisse werden standardmäßig nach Relevanz zum Suchbegriff sortiert, können aber auch nach der aktuellsten Gruppe, nach den Gruppen mit den meisten Mitgliedern oder nach dem Erstellungsdatum der Gruppe sortiert werden. In Ihren Suchergebnissen wird jetzt mit hoher Wahrscheinlichkeit die Gruppe *Best of Berlin architecture* – *www.flickr.com/groups/berlinarchitecture/* auftauchen, die genau die Inhalte bietet, die Sie mit Ihrem Suchbegriff gesucht haben.

Mitglied in einer Gruppe werden

Als Mitglied einer Gruppe haben Sie eine Reihe von Vorteilen: Zum einen können Sie selbst Bilder oder Videos in diese Gruppe stellen und andere Flickr-Mitglieder auf Ihre Aufnahmen aufmerksam machen. Passen Ihre Aufnahmen zum Gruppenthema und erwärmen Sie das Herz der anderen Gruppenmitglieder, können Sie sicher sein, schon bald Ihre ersten Kommentare zu Ihren Bildern oder Videos zu empfangen.

Dazu können Sie als Mitglied aktiv an Diskussionen in der Gruppe teilnehmen, auf Fragen im Diskussionsforum einer Gruppe antworten oder selbst welche stellen. Als Gruppenmitglied sehen Sie mitunter auch mehr Bilder in der Gruppe als ein Nichtmitglied, da in Gruppen gestellte Fotos automatisch für alle Mitglieder sichtbar sind, auch wenn diese vom Bildeigentümer als nicht öffentlich markiert wurden.

Wenn Sie eine Gruppe gefunden haben, können Sie auf der Gruppenhauptseite unterhalb des Gruppennamens über die Funktion *Dieser Gruppe beitreten* Mitglied werden.

Bei öffentlichen Gruppen ohne Einladung müssen Sie eventuell noch eine Seite mit den Gruppenregeln bestätigen. Ein Gruppenmoderator kann diese Seite für neue Mitglieder einbauen, um die Regeln der Gruppe deutlich zu machen. Sehen Sie eine solche Seite und sind Sie mit den enthaltenen Regelungen einverstanden, klicken Sie einfach *OK, Beitreten*.

Bei öffentlichen Gruppen, für die Sie eine Einladung benötigen, sehen Sie möglicherweise nicht nur die Seite mit den Regeln, sondern anschließend auch eine Seite, auf der Sie in einem Texteingabefeld begründen müssen, warum Sie Mitglied der Gruppe werden wollen. Der Gruppenadministrator erhält Ihre Anfrage nach dem Abschicken und kann dann aufgrund Ihrer Fotos oder Ihres Textes entscheiden, ob er Ihnen eine Mitgliedschaft freischaltet oder nicht.

Foto einer Gruppe hinzufügen

Wenn Sie eine Gruppe gefunden haben, die zu einem oder mehreren Ihrer Fotos oder Videos bzw. zu Ihrem Interessengebiet passt, und Sie dort Mitglied geworden sind, können Sie nun Ihre eigenen Inhalte dort einfügen. Es gibt zwei Orte, an denen Sie dies tun können: zum einen in der Werkzeugleiste auf der Detailseite eines Bildes oder Videos und zum anderen natürlich im Organizr.

Bilder über die Detailseite einer Gruppe hinzufügen

Gehen Sie auf die Detailseite eines Bildes oder eines Videos und klicken Sie dort auf das Gruppensymbol. Nach einer kurzen Wartezeit klappen die Namen aller Gruppen auf, in denen Sie Mitglied sind. Um das aktuelle Bild in eine Gruppe zu stellen, klicken Sie einfach auf den Namen der Gruppe.

Gibt es keine Schwierigkeiten, bekommen Sie ein kurzes Infofenster angezeigt, das bestätigt, dass sich Ihr Bild nun in der Gruppe befindet. Im Infofenster können Sie auf den Namen der Gruppe klicken, um zur Gruppenhauptseite zu gelangen, auf der Sie nun auch Ihr Foto oder Video sehen sollten.

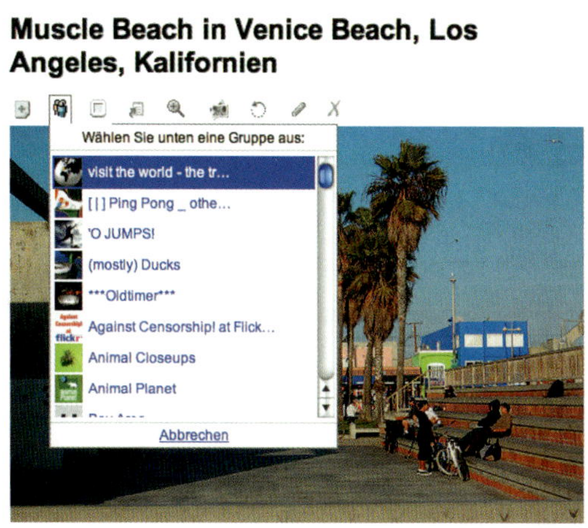

Ein Bild einer Gruppe hinzufügen.

Wenn es nicht funktioniert, kann dies folgende Gründe haben:

- Manche Gruppen limitieren die Anzahl der Bilder oder Videos, die pro Tag in die Gruppe gestellt werden können.
- Manche Gruppen erlauben nur Videos und keine Fotos oder umgekehrt. Ihr gewählter Medientyp ist in der Gruppe möglicherweise nicht erlaubt. Das Gleiche gilt auch für bestimmte Inhaltstypen. Wenn Sie Ihre Aufnahme beispielsweise als Zeichnung/Kunstwerk markiert haben, die Gruppe aber wirklich nur Fotos erlaubt, wird Ihre Aufnahme mit Sicherheit zurückgewiesen werden.

Private Bilder werden öffentlich

Bitte beachten Sie, dass ein nicht öffentliches Bild, sobald Sie es einer Gruppe hinzufügen, automatisch für alle Gruppenmitglieder sichtbar wird. Fügen Sie beispielsweise ein Foto oder Video ein, das eigentlich nur für Ihre Freunde oder Familienmitglieder bestimmt ist, ist es ab sofort auch für jedes Mitglied der jeweiligen Gruppe zu sehen.

Bilder über den Flickr-Organizr in eine Gruppe stellen

Insbesondere wenn Sie mehr als ein Foto in eine oder mehrere Gruppen stellen möchten, wird die Arbeitsweise über die Detailseite zu mühselig.

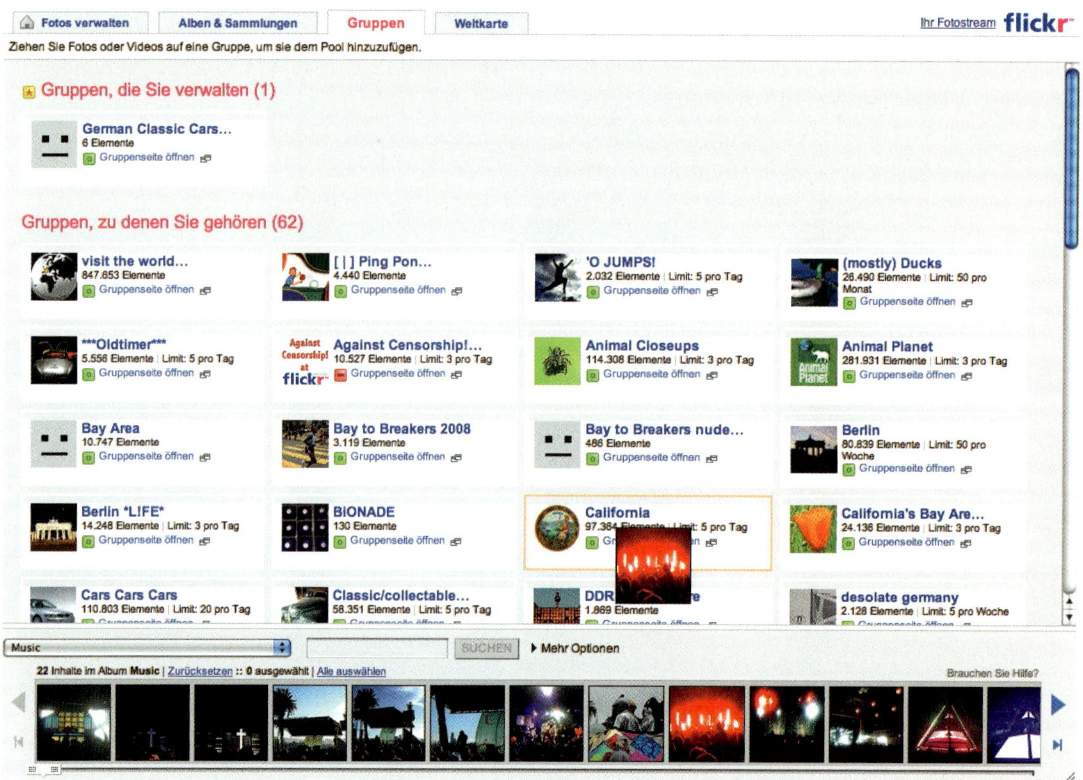

Ansicht von Gruppen im Organizr.

Somit empfiehlt sich auch hier die Verwendung des Organizr.

1 Rufen Sie den Organizr über den Hauptmenüpunkt *Organisieren* auf und klicken Sie anschließend auf *Gruppen*, um auf die Gruppenansicht im Organizr zu gelangen. Hier sehen Sie dann alle Gruppen, bei denen Sie Mitglied sind, inklusive des Gruppennamens, der Anzahl der in der Gruppe befindlichen Aufnahmen sowie der Höhe eines eventuellen Tageslimits.

2 Um Ihre Bilder nun in eine Gruppe zu stellen, wählen Sie einfach am unteren Bildschirmrand genau die Fotos aus, die in eine Gruppe kommen sollen, und ziehen sie dann mit gedrückter Maustaste auf den Gruppennamen. Flickr überprüft noch schnell, ob alle Limits und alle anderen Gruppenvoraussetzungen eingehalten wurden, und gibt Ihnen eine kurze Infomeldung, wenn das Veröffentlichen der Bilder in der Gruppe erfolgreich war.

3 Sobald Ihre Fotos in einer Gruppe eingestellt sind, ist dies übrigens auch auf Ihrer Fotodetailseite sichtbar. In der rechte Spalte Ihrer Foto- oder Videodetailseite werden das nächste und das vorherige Bild in Ihrem Fotostream angezeigt, und darunter werden alle Alben und auch Gruppen gelistet, in denen sich die Aufnahme befindet.

Nachricht in einer Gruppe schreiben

Da es bei den Gruppen nicht nur um den Austausch von Bildern oder Videos geht, sondern auch um die Kommunikation zwischen den Mit-

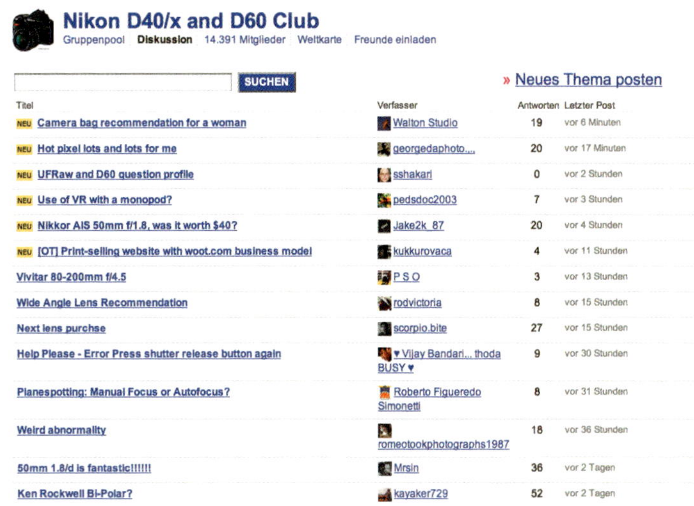

Diskussionsseite einer Gruppe.

gliedern, soll hier noch auf die Diskussionsforen einer Gruppe eingegangen werden.

1 Um eine Nachricht in das Diskussionsforum einer Gruppe zu schreiben, müssen Sie auf der Hauptseite einer Gruppe auf den Link *Diskussion* klicken. Falls es sich um eine aktive Gruppe handelt und dort ohnehin viel geschrieben und diskutiert wird, erhalten Sie wahrscheinlich schon auf der Hauptseite einer Gruppe im unteren Bildschirmbereich eine kurze Übersicht über die zuletzt diskutierten Themen.

2 Nach einem Klick auf *Diskussion* gelangen Sie auf die Übersichtsseite, auf der Ihnen alle bisherigen Diskussionsthemen aufgelistet werden. Mithilfe des Suchfelds in der rechten oberen Ecke können Sie vorab nach Diskussionsthemen suchen, damit Sie sicherstellen, dass Sie keine Frage eingeben, die vielleicht

schon mehrfach im Diskussionsforum diskutiert wurde.

3 Die Sortierung erfolgt nach Aktualität. Falls ein diskutiertes Thema über seinen Titel Ihre Aufmerksamkeit erregt, zögern Sie nicht, auf den Titel zu klicken, um das Thema anzuzeigen. Die Darstellung des Diskussionsthemas erinnert an die Kommentarfunktion, und tatsächlich können Sie alle Formatierungsbefehle, die Sie für Kommentare verwenden können, auch hier anwenden. Möchten Sie auf ein angezeigtes Thema antworten, rufen Sie dieses Thema auf, geben am unteren Ende der Seite Ihren Text ein und klicken dann auf *Jetzt posten*.

4 Wenn Sie selbst ein Thema in der Gruppe starten möchten, klicken Sie auf der Übersichtsseite des Diskussionsforums auf *Neues Thema posten*, geben dann eine aussagekräftige Betreffzeile ein und anschließend den Text, den Sie in der Gruppe veröffentlichen möchten.

Beiträge formatieren

Alles, was Sie im Abschnitt „Fotos und Videos kommentieren" in Kapitel 4 in Sachen Formatierung gelernt haben, können Sie auch in Ihren Diskussionsbeiträgen anwenden. Somit können Sie Ihre Beiträge mit Bildern versehen, den Text fett, kursiv oder eingerückt darstellen und Links auf Ihre Bilder, Alben oder gar auf andere Internetseiten setzen.

Eine eigene Gruppe gründen

Auch wenn es schon Tausende von Gruppen bei Flickr gibt, die bereits viele Themengebiete abdecken, so gibt es dennoch immer noch Platz für Ihre eigene Gruppe. Und wer sagt denn, dass Ihre Gruppe nicht sogar besser ist als andere bestehende Gruppen zu einem Thema? Lassen Sie uns also loslegen:

Wenn Sie sich dafür entscheiden, eine Gruppe zu gründen und diese auch als öffentliche Gruppe zu führen, ist dieses Vorhaben mit einigen Pflichten verbunden. So sollten Sie als Moderator und Ei-

Flickr-Gruppenrichtlinien

Nehmen Sie sich ein paar Minuten Zeit und studieren Sie die bei Flickr unter *www.flickr.com/groups_guidelines.gne* gelisteten Richtlinien. Neben dem rechtlichen Rahmen verrät Ihnen der dort publizierte Text auch einige Tipps und Tricks zum erfolgreichen Umgang mit Gruppen in der Rolle als Administrator.

Liste aller Gruppen eines Benutzers.

gentümer der Gruppe darauf achten, dass von anderen Mitgliedern in der Gruppe keine Inhalte veröffentlicht werden, die nicht rechtens sind oder gegen die Richtlinien von Flickr verstoßen.

Eine neue Gruppe gründen

1 Haben Sie nach dem Lesen des Absatzes über Ihre Pflichten immer noch Lust, eine Gruppe zu erstellen und zu leiten, können Sie dies einfach über das Hauptmenü und *Gruppen/Neue Gruppe gründen* tun. Im ersten Schritt werden Sie darüber entscheiden müssen, ob Ihre Gruppe öffentlicher oder privater Natur sein soll. Am Anfang des Kapitels sind wir bereits auf die Unterschiede zwischen diesen Gruppenvarianten eingegangen.

Wichtig ist hierbei, dass Sie eine private Gruppe später nicht in eine öffentliche Gruppe umwandeln können. Dafür ist es aber möglich, eine öffentliche Gruppe, in der Mitglieder nur mittels Einladung Gruppenmitglied werden können, in eine Gruppe umzuwandeln, die jeden akzeptiert, und umgedreht.

2 Nachdem Sie sich für den Gruppentyp entschieden haben, müssen Sie einige Basisdaten zu Ihrer neuen Gruppe eingeben:

- *Gruppenname*: Der Name der Gruppe sollte möglichst kurz und beschreibend sein. Sie müssen nicht alle Gruppeninformationen in den Namen packen, da Flickr bei einer Gruppensuche auch immer das Beschreibungsfeld durchsucht.
- *Beschreibung*: Obwohl dieses Feld optional ist, sollte es sorgfältig und genau ausgefüllt werden. Dieses Beschreibungsfeld wird zum einen von der Flickr-Suche mit durchsucht, wenn jemand auf der Suche nach einer bestimmten Gruppe ist. Außerdem wird es direkt auf der Hauptseite der Gruppe angezeigt und sollte jedem interessierten Nutzer einen kurzen Überblick darüber geben, worum es bei Ihrer Gruppe eigentlich geht.
- *Sicherheitsstufe*: Bitte wählen Sie hier nur *unbedenklich* aus, wenn die Inhalte, die Sie in der Gruppe zulassen wollen, und die Gruppenthematik wirklich unbedenklich sind und sich für ein breites internationales, aber auch jüngeres Publikum eignen. Sobald Sie daran Zweifel haben, sollten Sie *eingeschränkt* auswählen.

3 Haben Sie diese Angaben gemacht, können Sie auf *Weiter* klicken und festlegen, welche Komponenten der Gruppe Nichtmitglieder sehen können. Als Standardeinstellung ist vorgegeben, dass Nichtmitglieder sowohl die Diskussion mitverfolgen als auch die Fotos und Videos der Gruppe sehen können. Möchten Sie dies verändern, können Sie das hier durch An- und Abwahl der entsprechenden Komponenten tun. Nach dieser Entscheidung klicken Sie wiederum auf *Weiter*, um nun die Begrifflichkeiten für die folgenden Rollen festzulegen:

- *Administrator*: Ein Administrator kann alle Gruppeneinstellungen und Eigenschaften verändern. Derjenige, der die Gruppe erstellt hat, ist automatisch der Administrator.
- *Moderator*: Als Administrator können Sie anderen Benutzern eine Moderatorenrolle verschaffen. Moderatoren haben die Möglichkeit, einzelne Themen im Diskus-

sionsforum zu löschen bzw. Fotos oder Videos aus dem Fotopool einer Gruppe zu entfernen.
- *Mitglieder*: Als Mitglied wird jeder Flickr-Benutzer bezeichnet, der Mitglied Ihrer Gruppe wird.

4 Falls Ihnen die Begrifflichkeiten nicht gefallen, können Sie sie jetzt im Gruppenerstellungsprozess ändern und dann mit *Weiter* bestätigen.

Herzlichen Glückwunsch – Ihre erste Gruppe wurde erstellt.

Administration einer Gruppe

Als Administrator einer Gruppe sehen Sie auf Ihrer ganz eigenen Administrationsseite weitere zahlreiche Einstellungsmöglichkeiten, auf die hier kurz eingegangen werden soll:

- *Regeln & Moderation/Regeln der Gruppe*: Sie werden vielleicht bei manchen Gruppen schon entdeckt haben, dass Sie bestimmten Gruppenregeln zustimmen müssen, bevor Sie als Mitglied akzeptiert werden. Das gilt für öffentliche Gruppen mit oder ohne Einladungszwang.

Mit dieser Funktion können Sie nun bestimmen, ob solche Regeln jedem Benutzer, der Mitglied Ihrer Gruppe werden möchte, angezeigt werden oder nicht. Falls Sie sich für das Anzeigen von Regeln entscheiden, können Sie diese hier auf der Seite auch gleich eingeben. Sie können die Regeln mit den gleichen Formatierungen versehen wie Diskussionsbeiträge oder Kommentare.

- *Regeln & Moderation/Moderieren der Gruppe*: Mit dieser Funktion können Sie das Hauptverhalten Ihrer Gruppe und deren Funktionalität beeinflussen. Beispielsweise können Sie festlegen, ob Diskussionsbeiträge vor der Veröffentlichung von Ihnen überprüft und genehmigt werden müssen.

Bei vielen Gruppen haben Sie die Beschränkung, dass ein Mitglied nur eine bestimmte Anzahl von Bildern oder Videos in einem bestimmten Zeitraum veröffentlichen kann. Möchten Sie ebenfalls verhindern, dass Mitglieder ihren ganzen Fotostream in Ihre Gruppe packen, haben Sie hier die Möglichkeit, ein Tages-, Wochen- oder Monatslimit sowie eine generelle Beschränkung festzulegen. Eine Gruppe kann ebenso nur informativen Zwecken dienen, und lediglich die Administratoren oder Moderatoren können Inhalte veröffentlichen. Eine entsprechende Funktion findet sich auch hier.

Administrationsseite einer Gruppe.

Weiterhin können Sie auf dieser Seite festlegen, welche Art von Aufnahmen erlaubt sind: Videos und Bilder – oder doch nur Videos? Screenshots, Fotografien und Illustrationen? Oder doch nur ein Inhaltstyp? Je nach Ausrichtung Ihrer Gruppe haben Sie die Möglichkeit, diese Einstellungen hier vorzunehmen. Dies ist insbesondere hilfreich, wenn sich beispielsweise Ihre Gruppe nur mit Videos befasst, auch wirklich nur Videos zugelassen werden, da Sie sonst befürchten müssen, ab und an ein Foto herausfischen zu müssen.

Zuletzt lässt sich noch das Diskussionsforum Ihrer Gruppe einfrieren. Bei der Wahl dieser Option bleiben alle Diskussionen im Forum erhalten, es können aber keine neuen Themen mehr erstellt werden.

- *Regeln & Moderation/Datenschutz*: Unter den Datenschutzeinstellungen können Sie noch einmal festlegen, ob Nichtmitglieder das Diskussionsforum und den Gruppenpool an Fotos und Videos sehen dürfen oder nicht. Außerdem können Sie bei einer öffentlichen Gruppe zwischen *nur auf Einladung* oder *für jedermann zugänglich* wechseln. Eine öffentliche Gruppe kann hier auch auf *privat* gesetzt werden, was aber nicht mehr rückgängig gemacht werden kann.

- *Informationen zu Ihrer Gruppe/Ihr Gruppen-Icon*: Jede Gruppe kann über ein spezielles kleines Bild – das sogenannte Gruppen-Icon – symbolisiert werden. Der Auswahlprozess ist identisch mit dem des Buddy-Icons und wurde bereits im ersten Kapitel beschrieben.

- *Informationen zu Ihrer Gruppe/Flickr Webadresse*: Auch diese Option dürfte Ihnen vom Anfang des Buchs bekannt vorkommen. Sobald Sie eine neue Gruppe erstellt haben, vergibt Flickr automatisch eine generierte Webadresse für die Gruppe. Leider sieht diese auch wirklich automatisch generiert aus, wie beispielsweise *www.flickr.com/groups/1027196@N24*.

Statt *1027196@N24* ließe sich ein griffiger Name viel besser merken und würde auch besser aussehen. Bedenken Sie aber: Wenn Sie diese Funktion aufrufen und einen Namen eingeben, kann dieser nach dem Einrichten nicht mehr verändert werden. Im Namen sind Buchstaben, Ziffern und die Sonderzeichen „-“ und „_“ erlaubt (ohne Anführungszeichen).

- *Informationen zu Ihrer Gruppe/Schlüsselwörter*: Nicht nur Ihren Aufnahmen können Sie Tags, also Schlüsselwörter, zuweisen, sondern auch jeder Ihrer Gruppen. Gute Schlüsselwörter sorgen dafür, dass Ihre Gruppe auch von anderen Mitgliedern besser gefunden wird.

- *Informationen zu Ihrer Gruppe/Eingeschränkte Inhalte*: Falls Ihre Gruppe eingeschränkte Inhalte enthält oder ein Diskussionsforum nicht für die breite Öffentlichkeit und junge Benutzer gedacht ist, geben Sie dies bitte hier an. Es ist besser, wenn Sie diese Einstellung vornehmen, bevor andere Benutzer darauf aufmerksam werden und sich bei Flickr beschweren.

- *Mitgliedschaft/Mitglieder verwalten*: Als Gruppenadministrator erhalten Sie quasi volle Personalverantwortung und können über diese

Funktion andere Mitglieder zu Moderatoren oder gar zu Administratoren befördern, aber auch aus der Liste ausschließen.

Damit beispielsweise Ihr bester Freund Ihnen bei der Moderation einer Gruppe helfen kann, muss er erst dieser Gruppe als Mitglied beitreten. Über die Funktion *Mitglieder verwalten* haben Sie dann die Möglichkeit, diese Person zu einem Moderator oder zu einem Administrator zu befördern. Klicken Sie dazu auf den Link *Befördern*.

Ist Ihr bester Freund schon Moderator, können Sie ihn nur noch zum Administrator machen oder zum Mitglied zurückstufen. Leider kann es auch vorkommen, dass Sie ein Mitglied aus der Gruppe ausschließen möchten. Dazu haben Sie zwei Möglichkeiten:

1. **Mitglied entfernen**
   Wird ein Mitglied aus der Gruppe entfernt, kann es sich immer wieder bei der Gruppe neu anmelden.

2. **Mitglied verbannen**
   Wird ein Mitglied aus der Gruppe verbannt, kann es der Gruppe nicht mehr beitreten, bis Sie als Administrator den Bann wieder aufheben. Dieser kann per Klick auf die *Bann-Liste* wieder zurückgenommen werden.

   - *Mitgliedschaft/Mitgliederrollen*: Diese Funktion erlaubt Ihnen die Umbenennung der Rollen Administrator, Moderator und Mitglied. Es handelt sich dabei aber nur um eine Namensänderung, nicht um eine funktionelle Änderung der Rollen.

Freunde in die neue Gruppe einladen

Selbst die tollste neue Gruppe wird ohne Mitglieder recht schnell langweilig. Warum also nicht erst einmal die Freunde fragen, damit sie Mitglied in Ihrer neuen Gemeinschaft werden? Gehen Sie dazu auf die Hauptseite Ihrer Gruppe und klicken Sie dort auf *Freunde einladen*.

Dort werden Sie wieder mit zwei Auswahlmöglichkeiten konfrontiert: Zum einen können Sie aus den Kontakten wählen, die Sie als Kontakt gelistet haben. Sie haben richtig gelesen: Hier zählt nicht Ihre Kontaktliste, sondern ob eine andere Person Sie als Kontakt hinzugefügt hat. Zum anderen können Sie auch Personen, die noch nicht bei Flickr sind, in Ihre Gruppe einladen.

Bestehende Kontakte in eine neue Gruppe einladen.

Falls Sie sich für die erste Option entscheiden, bekommen Sie eine Kontaktliste angezeigt und können dort alle Kontakte markieren, denen Sie eine Einladung zusenden möchten. Bei der zweiten Option gelangen Sie auf eine Seite, die Ihnen sicherlich schon bekannt vorkommen müsste. Dort können Sie mehrere Namen und E-Mail-Adressen eingeben und dann an diese Personen eine E-Mail mit der Einladung schicken.

Eine Gruppe wieder verlassen

Eine Gruppe als Mitglied zu verlassen ist einfacher, als Mitglied in einer Gruppe zu werden. Auf der Gruppenhauptseite befindet sich in der rechten unteren Ecke ein in Rot geschriebener Link, der es Ihnen ermöglicht, eine Gruppe auch wieder zu verlassen.

Eine eigene Gruppe löschen

Als Administrator können Sie Ihre eigene Gruppe nicht direkt löschen, sondern die Gruppe löscht sich nur, wenn sie keine Mitglieder mehr hat. Sind Sie als Administrator das einzige Mitglied, können Sie die Gruppe wie oben beschrieben selbst verlassen und somit den Löschprozess einleiten.

Wenn noch Mitglieder in der Gruppe sind, wird das Mitglied, das der Gruppe am längsten angehört, automatisch zum Administrator der Gruppe befördert.

Bloggen mit Flickr-Bildern

In den letzten Jahren ist das Bloggen und somit das Führen eines Blogs bzw. Weblogs sehr populär geworden. Ein Weblog ist eine Wortkreuzung aus dem englischen Wort „Web“, das allgemein für das Internet steht, und dem Wort „Log“ für Logbuch, das ein meist öffentlich geführtes Tagebuch oder Journal im Internet bezeichnet.

Wenn Sie bereits einen Blog haben oder sich überlegen, eine Seite im Internet mit einem Blog aufzubauen, kann Flickr Sie dabei unterstützen, Ihre Seite, also Ihren Blog, mit Bildern zu füllen. Ein umständliches Kopieren von Bildern ist nämlich nicht notwendig, da Flickr sich nahezu komplett in bestehende Blogsoftware integrieren kann.

Flickr unterstützt die populärsten Blogprogramme und -plattformen, unter anderem Blogger von Google, Typepad, LiveJournal und natürlich WordPress.

Einen WordPress-Blog einrichten

Falls Sie noch keinen eigenen Blog haben, möchten wir Ihnen kurz zeigen, wie es geht, und haben dazu WordPress als Blogsoftware gewählt. WordPress ist einer der bekanntesten Internetdienste, der Ihnen schnell und einfach erlaubt, eine Seite im Internet für Ihre Blogaktivitäten einzurichten.

1 Gehen Sie auf *http://de.wordpress.com* und klicken Sie auf *Melden Sie sich an.*

2 Wählen Sie einen Benutzernamen aus, der mindestens aus vier Buchstaben besteht. Bedenken Sie, dass Ihr Benutzername auch gleich als Anfang Ihrer Blog-Webadresse vorgeschlagen wird.

3 Denken Sie sich ein Passwort aus, geben Sie Ihre E-Mail-Adresse an und lesen Sie die Nutzungsbedingungen. Wenn Ihnen die Nutzungsbedingungen zusagen, markieren Sie

das entsprechende Feld und klicken dann auf *Weiter*. Stellen Sie vorher sicher, dass Sie *Gib mir einen Blog* ausgewählt haben.

4 Im Folgefenster erfahren Sie die Internetadresse für Ihren Blog und können noch einen Titel vergeben. Nach dem Klick auf *Anmelden* wird Ihnen eine E-Mail zugeschickt, um sicherzustellen, dass Sie den Blog auch wirklich angemeldet haben. Klicken Sie auf den Link in der E-Mail und registrieren Sie sich bei WordPress mit Ihrem neuen Benutzernamen und Ihrem Passwort.

5 Fertig ist Ihr neuer Blog. Sobald Sie sich mit Ihren neuen Daten angemeldet haben, können Sie die Funktion *Artikel/Neu erstellen* in der linken Spalte benutzen, um den ersten Inhalt auf Ihre neue Seite zu stellen. Zu Ihrem neuen Blog gelangen Sie durch Anklicken des Titels in der linken oberen Ecke.

Mit WordPress können Sie sich selbst ein komplettes Internetangebot anlegen. Die Software ist komplex und würde ein weiteres Buch problemlos füllen. Lassen Sie sich davon aber nicht abschrecken. Einen einfachen Blog können Sie mit etwas Neugierde und Zeit auch ohne Buch erstellen.

Einen WordPress-Blog bei Flickr anmelden

Damit Flickr weiß, in welchem Blog Bilder oder Videos veröffentlicht werden sollen, müssen Sie Flickr einige Informationen über Ihren Blog bzw. Ihre Blogs geben.

1 Um einen neuen Blog im Flickr-System anzulegen, gehen Sie vom Hauptmenü auf *Sie/Ihr Account* und klicken dort auf *Erweitern von Flickr*. Auf der daraufhin erscheinenden Seite können Sie einen neuen Blog konfigurieren.

2 Alternativ können Sie beim ersten Mal die Blogkonfiguration zum Erstellen eines neuen Blogs über die Detailseite eines Bildes oder Videos erreichen. Klicken Sie dort auf das Bloggen-Symbol in der Werkzeugleiste. Da Sie noch keinen Blog eingerichtet haben, wird

Liste der angelegten Blogs.

Ihnen diese Option dort angeboten. Sobald Sie einen Blog haben, müssen Sie auch über das Hauptmenü und Ihre Account-Einstellungen gehen.

Eine Liste Ihrer Blogs zusammen mit der Möglichkeit, weitere Blogs einzurichten, finden Sie immer hier: *www.flickr.com/blogs.gne*

3 Die Konfiguration eines Blogs beginnt mit der Auswahl der verwendeten Blogsoftware. Je nach verwendeter Software müssen Sie Flickr nämlich unterschiedliche Informationen geben. Wählen Sie aus dem Ausklappmenü die entsprechende Software aus und klicken Sie auf *Weiter.* Wenn Sie unserem Beispiel von oben gefolgt sind und sich einen WordPress-Blog erstellt haben, müssen Sie an diesem Punkt *WordPress* auswählen.

Die nächste Seite gibt Ihnen sehr genaue Informationen darüber, welche Angaben Flickr von Ihrem Blog benötigt. Meistens sind dies nur der Benutzername und das Passwort. Bei einigen wenigen Blogs sind auch noch weitere Angaben notwendig, die aber allesamt auf der Seite sehr gut mit Beispielen erklärt sind.

4 Da wir in diesem Buch ein Beispiel mit WordPress nachvollziehen, soll die Erklärung für die Zusatzinformation beim Einrichten eines WordPress-Blogs hier nicht fehlen: Der API-Endpunkt, nach dem bei der Konfiguration gefragt wird, setzt sich immer aus Ihrer Blogadresse und dem Zusatz */xmlrpc.php* zusammen. Lautet Ihre Blogadresse beispielsweise *http://flickrbuch.wordpress.com*, ist Ihr API-Endpunkt *http://flickrbuch.wordpress.com/xmlrpc.php.* Geben Sie diesen so in das Feld ein, fügen Sie Ihren Benutzernamen und Ihr Passwort hinzu und klicken Sie dann auf *Weiter.*

5 Haben Sie alles richtig gemacht, holt sich Flickr die Webadresse des Blogs sowie dessen Namen und dessen Bezeichnung und zeigt diese noch einmal zur Bestätigung an. Wenn auch hier alles stimmt, können Sie auf *Fertig* klicken.

Gestaltungsmöglichkeiten für den Blog

Technisch gesehen, sind Sie nun bereits fertig mit der Einrichtung eines Blogs in Flickr. Jedoch sollten Sie noch einen Blick auf die verschiedenen Gestaltungsmöglichkeiten werfen, die Flickr für Ihre Blognachrichten anbietet.

Um die Layoutoptionen aufzurufen, klicken Sie auf der Blog-Übersichtsseite auf das Feld *Layout* neben jeder Blogkonfiguration. Auf der folgenden Seite können Sie festlegen, wie Ihr Bloginhalt – also das Bild oder Video von Flickr sowie der von Ihnen eingegebene Text – auf Ihrer Blogseite dargestellt wird. Schalten Sie am oberen Bildschirmrand zwischen den Bild- und

Designvorlagen für Fotos in einem Blog.

Bloglayout modifizieren

Falls Sie sich mit HTML und CSS (Cascading Style Sheets) auskennen, können Sie das Layout auch selbst noch modifizieren und bearbeiten.

Videoeinstellungen um und klicken Sie auf einen Layoutvorschlag, um ein Beispiel zu sehen oder das Layout direkt zu verwenden.

Bilder oder Videos in einen Blog stellen

Nachdem Sie nun erfolgreich einen Blog eingerichtet haben, können Sie damit loslegen, erste Inhalte in Ihren neuen Blog zu stellen. Um eine Aufnahme zu veröffentlichen, gehen Sie einfach auf die Detailseite eines Ihrer Fotos oder Videos.

In der Werkzeugleiste auf der Detailseite finden Sie die Option *Bloggen*. Nach dem Anklicken erscheint ein kleines Menü, in dem alle Ihre bei Flickr eingerichteten Blogs zu sehen sind. Um das aktuelle Bild oder Video in einem dieser Blogs zu veröffentlichen, müssen Sie nichts weiter tun, als den entsprechenden Blog aus der Liste auszuwählen.

Sie gelangen anschließend auf eine neue Seite, in der Sie einen Titel für Ihren Text sowie den eigentlichen Textinhalt, der mit Ihrem Bild veröffentlicht werden soll, eingeben können. Wenn Sie alles richtig eingerichtet haben, sehen Sie nach dem Klick auf *Posten* eine Bestätigungsseite, die Ihnen auch einen Link zu Ihrem Blog anbietet.

Insbesondere wenn Sie die Blogfunktion zum ersten Mal benutzen, empfiehlt es sich, zum Blog zu wechseln und zu überprüfen, ob auch alles so dargestellt wird, wie Sie es sich wünschen.

Private Bilder oder Videos können nicht veröffentlicht werden, da Sie sicherlich Ihre Gründe hatten, diese als privat oder nur für Ihre Freunde oder Familienmitglieder sichtbar zu schalten. Falls Sie dennoch die Blogfunktion auswählen, zeigt Ihnen Flickr einen kurzen Warndialog und ändert die Einstellung Ihres Bildes auf öffentlich, wenn Sie dies möchten.

Ein Foto zum Bloggen auswählen.

Bevor eine Aufnahme in den Blog gestellt wird, kann man noch Titel und Text hinzufügen.

Bilder von anderen bloggen

Sie können nicht nur Ihre eigenen Bilder oder Videos in Ihren Weblog stellen, sondern auch Aufnahmen von anderen Mitgliedern bei sich veröffentlichen. Insbesondere wenn Sie in Ihrem Weblog über ein bestimmtes Thema berichten, wollen Sie wahrscheinlich nicht alle Bilder selbst aufnehmen, und Flickr ist eine wundervolle Quelle für sehr gute Aufnahmen.

Beim Bloggen keine Links verändern

Wichtig ist: Es ist nicht erlaubt, den Link zurück zur Flickr-Detailseite, der bei einem Bild oder Video mit veröffentlicht und automatisch mit generiert wird, zu verändern oder gar zu löschen. Ihre Blogleser sollen immer die Möglichkeit haben, von Ihrem Blog aus das Originalbild bei Flickr aufzurufen und gegebenenfalls dort mit dem Autor des Bildes in Kontakt zu treten. Auch wenn jemand anderer Ihre Bilder gut findet und in seinen Blog stellt, möchten Sie sicherlich, dass die Leser seines Blogs den Weg zu Ihrer Flickr-Seite finden.

Natürlich können Sie die Aufnahmen anderer nur bei sich in den Blog stellen, wenn das andere Mitglied dies auch möchte und erlaubt hat. Ist dies nicht der Fall, sehen Sie auf der Detailseite der gewünschten Aufnahme keine Bloggen-Funktion. Nur wenn das Mitglied die Option aktiviert und damit bestimmt hat, dass seine Bilder von anderen in Weblogs verwendet werden dürfen, wird diese Funktion auch in der Werkzeugleiste dargestellt.

Anderen erlauben, Ihre Bilder zu bloggen

Auch Sie können festlegen, ob Ihre öffentlichen Inhalte zum Bloggen für andere zur Verfügung stehen oder nicht. Gehen Sie dazu auf Ihre Account-Einstellungen über das Hauptmenü *Sie/Ihr Account* und wählen Sie dort *Datenschutz & Berechtigungen*. Sie finden relativ weit oben in der Liste die Option *Wer darf Ihre Inhalte bloggen?*. Spezifizieren Sie dort die Personengruppe, der Sie das Bloggen erlauben möchten.

Mehr mit Fotos machen

Sind Ihre Fotos erst einmal auf Flickr, können Sie diese nicht nur in Flickr betrachten oder bearbeiten, sondern noch eine ganze Menge mehr machen. Dieses Kapitel erklärt beispielsweise, wie Sie Bilder von Flickr als Sicherungskopie auf Ihren Rechner oder auf eine DVD sichern oder auf andere Internetseiten stellen.

Flickr-Fotos zu Papier bringen

Kennen Sie noch das Gefühl, wenn Sie nach einem Urlaub endlich die Fotos vom Fotoladen abholen konnten? Die bei Flickr angeschlossenen Druckdienste können Ihnen das Gefühl in etwas anderer Form zurückbringen, da Sie Ihre Fotos in verschiedenster Art und Weise ebenfalls drucken können. Allerdings ist das Angebot in Deutschland im Gegensatz zu den USA leider beschränkt.

Der Flickr-Fotodienst

In den USA betreibt Flickr einen eigenen Fotodruckdienst, der schnell und preiswert die Abzüge in den heimischen Briefkasten liefert. Auch wenn Flickr schon vor einiger Zeit angekündigt hat, diesen Service auch in anderen Ländern anzubieten, ist er bei Drucklegung dieses Buchs noch nicht erhältlich. Wichtig ist es aber doch, anzumerken, dass es diesen Service gibt, denn theoretisch können Sie anderen Mitgliedern erlauben, sich Abzüge von Ihren Fotos zu bestellen. Dazu müssen Sie in Ihre Account-Einstellungen gehen und dort unter *Datenschutz & Berechtigungen* die Angabe für *Wer darf Abzüge von Ihren Fotos bestellen?* entsprechend verändern. Als Standardeinstellung dürfen nur Sie Abzüge von Ihren Fotos anfordern.

Bilder über bei Flickr angeschlossene Partner drucken

Auf der deutschen Flickr-Seite finden Sie im Hauptmenü unter *Entdecken/Gedrucktes und mehr* eine Übersicht der Partner, die auch für deutsche Kunden zur Verfügung stehen. Die dort angebotenen Dienste reichen vom einfachen Ausdrucken Ihrer Bilder bis hin zum Erstellen ganzer Fotobüchern oder Aufkleberserien.

Scheuen Sie sich nicht, sich auf den bei Flickr gelisteten Partnerseiten umzusehen. Alle gelisteten Angebote können nach Ihrer Freigabe auf Ihre Fotos bei Flickr zugreifen, und Sie müssen nicht Ihre gesamte Digitalbildsammlung bei einem anderen Anbieter nochmals hochladen, um sie zu Papier bringen zu lassen. Da die meisten in den Angeboten gelisteten Anbieter nicht in Deutsch-

Moo – der Druckservice

Moo – *www.moo.com/flickr* – ist ein in London ansässiger Druckservice, der auch ein deutsches Internetangebot hat. Moo ist mit seinen liebevoll gestalteten kleinen Karten in der Flickr-Gemeinde äußerst beliebt geworden. Wie vielfältig die Moo-Druckerzeugnisse eingesetzt werden, kann man in der Flickr-Gruppe *www.flickr.com/groups/moo/* bestaunen. Der Druckdienst kann auf Ihren Fotostream zugreifen, und Sie können die ausgewählten Bilder bei Moo noch personalisieren und zuschneiden. Die Preise – für Produkte und Versandkosten – sind moderat bis günstig, und die Druckqualität ist sehr gut.

land ansässig sind, sollten Sie im Fall einer Bestellung auf die Versandkosten achten.

Sicherungskopien erstellen

Wenn Sie alle Ihre Fotos bei Flickr auf eine oder mehrere DVDs sichern möchten, könnten Sie jedes Bild individuell sichern, doch dies würde ab einer bestimmten Anzahl von Bildern wahrscheinlich Tage, wenn nicht Wochen dauern.

Datensicherung mit FlickrEdit

Das Programm FlickrEdit, das unter *http://sunkencity.org/flickredit* kostenlos heruntergeladen und benutzt werden kann, behebt dieses Problem und ermöglicht eine nahezu vollautomatische Sicherung Ihrer Inhalte. Da es sich bei FlickrEdit um ein in der Java-Technologie erstelltes Programm handelt, können Sie es auf nahezu jedem Computer benutzen und über den auf der Webseite befindlichen *Launch*-Knopf auch direkt aus dem Browser heraus starten.

1 Nach dem Aufruf von FlickrEdit sehen Sie erst einmal ein fast leeres Fenster und müssen sich über die Funktion *Login* in der rechten oberen Ecke bei Flickr anmelden.

2 Im anschließend erscheinenden Fenster können Sie noch keinen Benutzer auswählen, da noch kein neuer Benutzer angelegt ist. Um dies zu tun, klicken Sie einfach auf *New User*. Ihr Internetbrowser wird sich in den Vordergrund schieben und Sie, falls Sie noch nicht bei Flickr angemeldet sind, bitten, sich bei Flickr mit Ihrer Yahoo!-ID anzumelden. Tun Sie dies, wechseln Sie dann wieder zu Flickr-

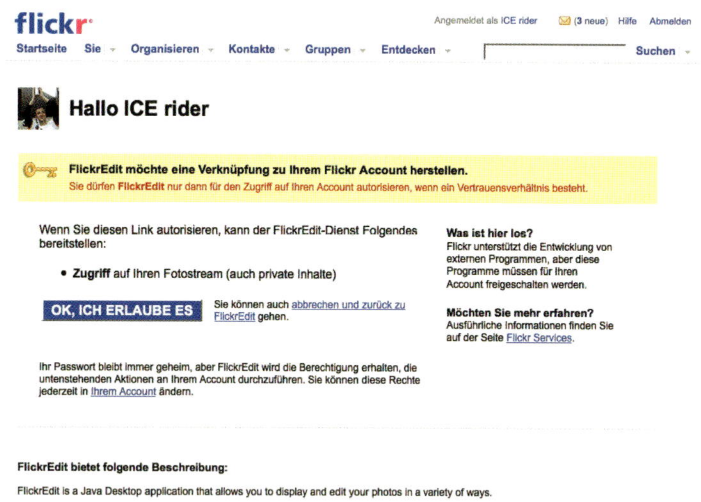

FlickrEdit fragt bei Flickr um Erlaubnis.

Edit zurück und klicken Sie auf *OK* im erscheinenden Dialogfenster.

3 Erlauben Sie auf der Flickr-Seite den Zugriff für FlickrEdit, da ansonsten FlickrEdit keine Möglichkeit hat, auf Ihre Fotos und Videos zuzugreifen. Bestätigen Sie das Dialogfeld bei FlickrEdit anschließend noch einmal mit *OK*.

4 Wenn Sie alles richtig gemacht haben, erscheint in der rechten oberen Ecke des Fensters Ihr Flickr-Name, und FlickrEdit lädt alle von Ihnen erstellten Alben (im Englischen „Sets“ genannt) und zeigt diese an. Sie könnten nun alle die Alben mit der Maus markieren, von denen Sie eine Sicherungskopie anlegen möchten. Wollen Sie eine Sicherungskopie nur von einzelnen Fotos oder von Ihren Favoriten anlegen, können Sie diese Option in der oberen Leiste im FlickrEdit-Fenster auswählen, dürfen aber nicht verges-

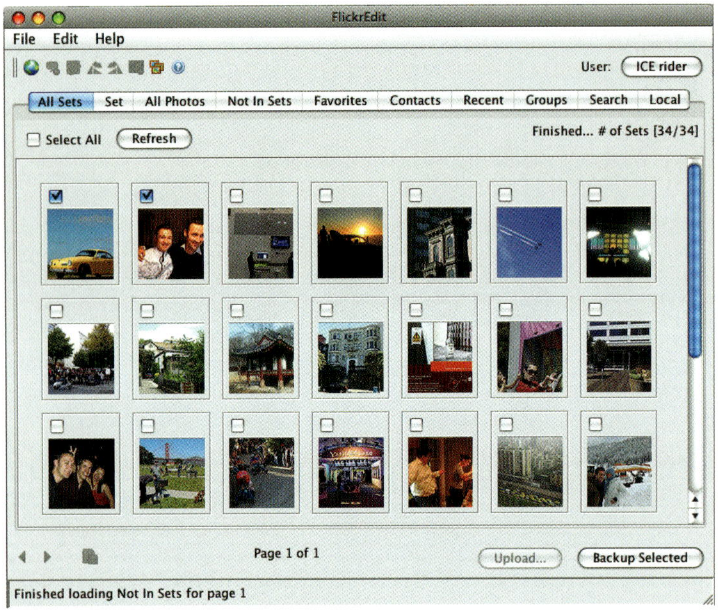

Ihre Alben werden als Erstes in FlickrEdit geladen.

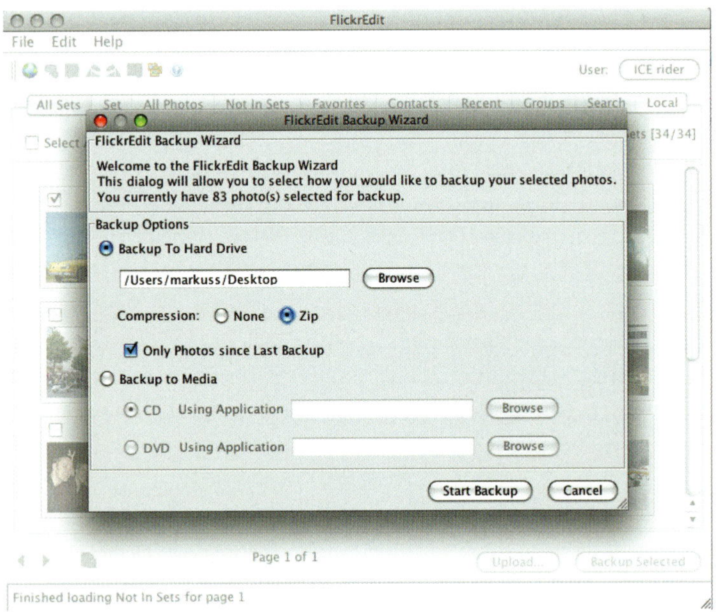

Sicherungsoptionen festlegen.

sen, nach der Auswahl auf *Refresh* (zu Deutsch *Aktualisieren*) zu klicken.

5 Um die Bilder in einem Verzeichnis abzulegen, markieren Sie die Option *Backup To Hard Drive* (Auf der Festplatte sichern) und wählen über *Browse* das gewünschte Verzeichnis aus. Falls Sie Platz sparen möchten, können Sie die heruntergeladenen Bilder auch als ZIP-Datei komprimieren. Wählen Sie dazu *Zip* neben der Option *Compression*.

6 Wenn Sie FlickrEdit schon einmal zum Sichern Ihrer Daten benutzt haben und nur die Bilder sichern wollen, die seit der letzten Sicherung neu bei Flickr hinzugekommen sind, können Sie dies über die Option *Only Photos since Last Backup* bestimmen.

7 Mit *Start Backup* beginnen Sie den Sicherungsprozess. FlickrEdit berechnet die Datengröße der Sicherung und lädt alle Bilder in der gespeicherten Originalauflösung von Flickr in das angegebene Verzeichnis.

Flickr-Fotos auf anderen Seiten zeigen

Flickr bietet vielfältige Optionen, um die eigenen Bilder oder die neuesten Bilder von anderen Kontakten oder aus Gruppen, die einen interessieren, auf anderen Webseiten, RSS-Readern oder sozialen Netzwerken einzubinden.

Flickr und Facebook verbinden

Das amerikanische Netzwerk Facebook hat auch in Deutschland stark Einzug gehalten und viele Nutzer gewonnen. Facebook ist eine Site, in der

Sie Informationen über sich mit Ihren Freunden auf Facebook teilen können. Dazu gehören Status-Updates, die Ihren Freunden mitteilen, wie es Ihnen geht, oder eben auch Fotos. Facebook bietet zwar einen eigenen Dienst an, um Fotos hochzuladen, doch sind diese Möglichkeiten nicht mit der Vielzahl von Funktionen bei Flickr zu vergleichen. Sie können also weiterhin Ihre Fotos bei Flickr veröffentlichen und diese dennoch bei Facebook darstellen.

1 Um Flickr und Facebook zu vereinen, müssen Sie über Ihre Flickr-Account-Einstellungen Ihre beiden Nutzerkonten miteinander verbinden. Sie erreichen die Account-Einstellungen über das Hauptmenü *Sie/Ihr Account*, oder Sie klicken einfach auf Ihren Flickr-Namen in der rechten oberen Ecke.

2 Auf der Account-Seite angekommen, klicken Sie auf *Erweitern von Flickr*, scrollen nach unten bis *Ihr Facebook Account* und wählen dort *Verknüpfen Sie Ihre Accounts*.

So erscheinen Ihre Foto-Updates bei Ihren Freunden auf der Facebook-Seite.

3 Sie werden anschließend auf die Facebook-Seite geleitet und müssen sich mit Ihrer bei Facebook registrierten E-Mail-Adresse und Ihrem Passwort anmelden. Haben Sie dies erfolgreich getan, werden Ihre neuesten Flickr-Uploads automatisch Ihrem Facebook-Profil hinzugefügt. Beachten Sie, dass nur die Fotos, die als sicher markiert sind und die Sie als öffentliche Bilder auf Flickr stellen, in Facebook erscheinen.

Flickr-Bilder in Google Earth

Google Earth ist eine faszinierende Software, die Sie die Welt entdecken lässt. Das kostenlose Programm kann von *http://earth.google.de* heruntergeladen und auf einem PC oder einem Apple-Rechner installiert werden.

Nach der Installation können Sie einfach mit Ihrer Maus in die dreidimensionale Erde eintauchen und weltweit Satellitenbilder, Karten, 3-D-Gebäude und Geländeinformationen anzeigen. Google Earth kann auch Ortsdaten von anderen Programmen und anderen Datenquellen importieren und verwendet dafür das sogenannte KML-Format.

Flickr unterstützt das KML-Format für Google Earth und kann die in Ihrem Fotostream mit einer Ortsinformation versehenen Bilder in Google Earth anzeigen. Leider ist der KML-Dienst von Flickr nur eingeschränkt nutzbar und nur auf wenige Bilder aus Ihrem Fotostream beschränkt. Um sich Bilder aus Ihrem Fotostream in Google Earth anzeigen zu lassen, müssen Sie erst Google Earth installieren und dann auf den KML-Link ganz unten auf Ihrer Fotostream-Seite klicken. Wenn Sie gefragt werden, mit welchem Programm die KML-Datei geöffnet werden soll, wählen Sie dort Google Earth aus.

Geo Flickr – Bilder mit Geodaten versehen

Da die KML-Daten von Flickr noch ausbaufähig sind, ist der Einsatz der kostenlosen Software Geo Flickr zu empfehlen. Geo Flickr ist ein kostenloses Programm, das nur auf Windows-Rechnern läuft und von *www.geppi.co.uk* heruntergeladen werden kann.

Mit Geo Flickr können Sie alle Ihre Fotostream-Bilder, die mit Geodaten versehen sind, in Google Earth anzeigen und somit eine wunderbare Übersicht darüber erhalten, wo auf der Welt Sie schon überall gewesen sind. Weiterhin können Sie sogar die Geo-referenzierten Bilder Ihrer Freunde oder von bestimmten Flickr-Gruppen laden.

Geo Flickr läuft nach der Installation als Plug-in innerhalb von Google Earth. Beim ersten Start ist eine Autorisierung erforderlich, damit Geo Flickr Zugriff auf Ihre persönlichen Flickr-Bilder und auch Ihre Kontakte bekommt. Wenn Sie das nächste Mal Google Earth starten, erscheint in der Liste der Orte eine neue Übersicht aller

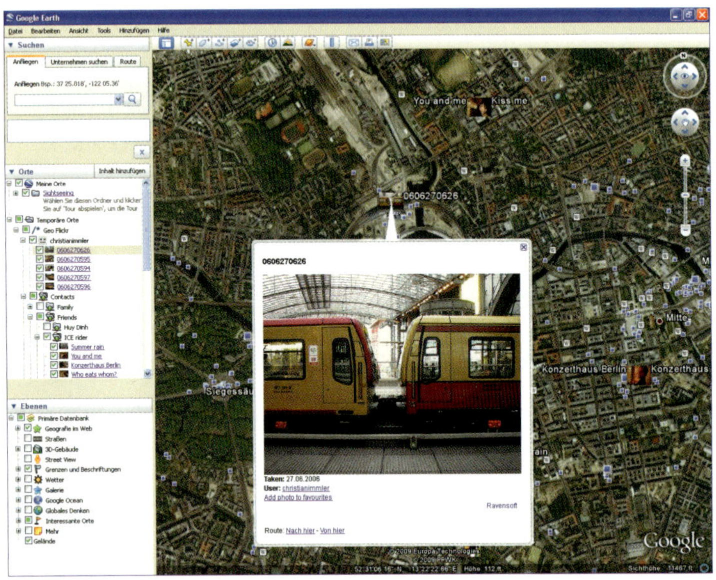

Flickr-Bild in Google Earth mit Geo Flickr.

Flickr-Fotos von Ihnen und Ihren Kontakten, denen Ortsinformationen zugeordnet sind. Springen Sie einfach zu einem Bild oder nehmen Sie die Bilder in eine Sightseeing-Tour auf. So kann man leicht erkennen, welches Bild wo auf der Welt fotografiert wurde, und diese Bilder auch direkt in Google Earth betrachten, ohne Flickr aufrufen zu müssen.

Flickr-Feeds für RSS-Reader

Feeds und RSS – gleich zwei Fachbegriffe in einer Überschrift, und das bei einer so einfachen und komfortablen Lösung, um neueste Informationen von Flickr in andere Webseiten einzubauen.

Ein sogenannter Feed kann als eine Art Datenstrom gesehen werden, der immer die neuesten Inhalte eines Angebots erhält. Bei einer Nachrichtenagentur oder einer Zeitung sind dies in der Regel die aktuellen Schlagzeilen verschiedener Rubriken. Im Fall von Flickr sind es die neuesten Fotos oder Videos von Mitgliedern oder neue Diskussionsbeiträge aus den verschiedenen Gruppen.

RSS-Feeds sind meistens und auch bei Flickr mit diesem Symbol gekennzeichnet.

Es gibt zahlreiche Programme und Internetseiten, die diese Feeds lesen und verarbeiten können. In einem solchen RSS-Feed-Reader (RSS-Leseprogramm) sehen Sie dann in der Regel eine Kleindarstellung der Bilder eines Mitglieds und deren Titel sowie möglicherweise auch einen Teil der Beschreibung. Um das volle Bild zu sehen, müssen Sie auf eine der dargestellten Informationen klicken und werden dann auf die jeweilige Seite bei Flickr geleitet. In den meisten Fällen dürfte dies die Detailseite eines Bildes oder eines Videos sein.

Flickr bietet RSS-Feeds mit aktuellsten Inhalten für die folgenden Bereiche an:

- Ihr Fotostream mit Ihren neuesten Bildern.
- Die neuesten Uploads Ihrer Kontakte.
- Die neuesten Uploads eines Flickr-Mitglieds.
- Die neuesten Bilder und Videos für ein spezielles Album.
- Die neuesten Bilder und Videos einer Gruppe.
- Die Favoriten eines Benutzers.
- Die letzten Aktivitäten, die Sie sonst auf der Startseite angezeigt bekommen.

Um einen RSS-Feed in einen sogenannten RSS-Reader zu übernehmen, gehen Sie einfach mit der Maus auf das oben dargestellte RSS-Symbol und klicken mit der rechten Maustaste. Aus dem daraufhin erscheinenden Menü wählen Sie *Link-Adresse kopieren*, um die RSS-Adresse in die Zwischenablage Ihres Computers zu speichern.

In Ihrem RSS-Leseprogramm (siehe unten genannte Beispiele) können Sie dann diese Adresse an der Stelle einfügen, an der Sie nach der Feed-Adresse eines RSS-Feeds gefragt werden.

Gute RSS-Reader

FeedReader für Windows: Eines der beliebtesten RSS-Leseprogramme für PCs ist die kostenlose Software FeedReader. Das auch in deutscher Sprache erhältliche Programm kann von *www.feedreader.com* heruntergeladen und auf dem PC installiert werden. Nach dem Start und der Auswahl der Sprache werden Ihnen schon erste Nachrichtenquellen vorgeschlagen. Wählen Sie die aus, die Sie interessieren, und klicken Sie in diesem Fenster auf *Beenden*.

Um einen neuen Flickr-RSS-Feed hinzuzufügen, gehen Sie am einfachsten in das Menü *Datei/Neu/Feed* und fügen dort in das anschließend markierte Eingabefeld die Feed-Adresse des von Flickr ausgewählten und kopierten RSS-Feeds ein.

NewsGator für Apple-Rechner: Eines der beliebtes Apple-Programme, um Nachrichten aus verschiedenen RSS-Feeds zu lesen, ist die kostenlose Software NewsGator. Nach dem Download von *www.newsgator.com* und der Installation kann man optional ein NewsGator-Account erstellen, kann diesen Schritt aber auch mit *Skip this Step* überspringen. Um dem Programm einen Flickr-RSS-Feed hinzuzufügen, klicken Sie auf das große Pluszeichen (*Subscribe*) in der linken oberen Ecke, fügen die vorher von Flickr kopierte Feed-Adresse ein und klicken auf *Subscribe*.

Google Reader im Internet: Eigentlich brauchen Sie gar keine Software zu installieren, da das Internetangebot Google Reader ähnliche Funktionen der besprochenen Programme auch im Web abbilden kann. Um einen Flickr-RSS-Feed hinzuzufügen, rufen Sie erst einmal den Google Reader unter *http://reader.google.de* auf und klicken dann auf *Abonnement hinzufügen*. Geben Sie dort die von Ihnen ausgewählte und kopierte Flickr-RSS-Adresse ein und klicken Sie dann auf *Hinzufügen* und *Fertig*.

Flickr-Fotos in die eigene Website einbinden

Falls Sie eine eigene Website betreiben, können Sie vorgefertigte und von Flickr zum Kopieren angebotene Module benutzen. Diese Module sind so angelegt, dass Sie sie einfach von Flickr übernehmen, nach Belieben anpassen können, in Ihre Webseite einbauen und sich dann nicht mehr darum kümmern müssen.

Flickr bietet Ihnen auf der Seite *www.flickr.com/badge.gne* zwei Module zur Auswahl an. Für welches Modul Sie sich entscheiden, ist im Endeffekt reine Geschmackssache. Das HTML-Modul ist einfacher, das Flash-Modul ist bewegter und vielfältiger.

Wer die Wahl hat, hat die Qual: HTML oder Flash?

1 Das HTML-Modul
Das HTML-Modul ist ein statisches Modul, das sich, wenn Ihre Webseite einmal von einem Besucher aufgerufen ist, nicht mehr ändert. Wenn Sie auf Ihrer Seite ein Bildmodul platzieren möchten, das sich nicht bewegt und somit den Besucher nicht zu sehr von den anderen Inhalten Ihrer Seite ablenkt, ist dies sicherlich die richtige Wahl.

2 Das Flash-Modul
Flash bietet dynamische Seiten und dynamische Elemente auf einer Seite an, auch ohne dass der Benutzer die Seite neu lädt. Das Flash-Modul ist in seiner Darstellung moderner, zeigt dem Benutzer während des Aufenthalts mehr Bilder als das HTML-Modul und kann so seine Aufmerksamkeit besser erregen.

3 Auswahl der Fotos
Für beide Varianten können Sie im nächsten Schritt auswählen, welche Fotos dort angezeigt werden sollen. Grundsätzlich können Sie zwischen Ihren Fotos und den Fotos aus einer bestimmten Gruppe oder von allen anderen Flickr-Mitgliedern wählen. Da diese Inhalte öffentlich auf einer Internetseite präsentiert werden sollen, ist es selbstverständlich, dass nur als öffentlich markierte Bilder auch in den jeweiligen Modulen angezeigt werden können. Ihre eigenen Bilder können Sie bei der Anzeige im Modul noch nach bestimmten Tags oder nach einem bestimmten Album filtern.

4 Layout

Nachdem Sie ausgewählt haben, welche Bilder angezeigt werden sollen, können Sie im nächsten Schritt Änderungen am Layout, also an der Gestaltung Ihres HTML- oder Flash-Moduls, vornehmen. Diese Änderungsoptionen beinhalten beispielsweise die Anzahl der Bilder, die im Modul angezeigt werden sollen, oder auch die Größe des Moduls im Allgemeinen. Sie können weiterhin direkten Einfluss auf die Farben des Moduls nehmen.

5 Vorschau und Code

Im letzten Schritt sehen Sie eine Vorschau des Moduls und bekommen den Code angezeigt, den Sie kopieren und in den Code Ihrer Webseite einfügen können.

Auch die Farben für Ihr Modul können Sie bestimmen.

Tipps & Tricks für Profis

Selbst wenn Ihre Bilder noch nicht perfekt sind und Ihre Porträts rote Augen aufweisen, das Meer so schief aussieht, als würde Wasser aus der Bildkante herauslaufen, oder die Aufnahmen einfach zu dunkel sind, können Sie die Fotos trotzdem schon auf Flickr hochladen.

Fotos in Flickr mit Picnik bearbeiten

Flickr hat seit einigen Monaten die Onlinebildbearbeitungsplattform *Picnik.com* in das Angebot integriert und bietet seither wunderbare Bearbeitungsfunktionen an.

Dabei brauchen Sie weder zusätzliche Software zu installieren noch sich auf einer neuen Seite anzumelden oder die Bilder woanders hochzuladen. Die Picnik-Technologie ist einfach in Flickr eingebaut worden und ermöglicht das Verändern und Bearbeiten bereits in Flickr hochgeladener Bilder. Picnik ist auf die Bearbeitung von Bildern spezialisiert und kann nicht für bei Flickr eingestellte Videos verwendet werden.

Aufruf der Bildbearbeitungsfunktionen

Die Bildbearbeitungsfunktionen von Flickr sind auf jeder Ihrer Fotodetailseiten unterhalb des Bildtitels in der Werkzeugleiste zu finden. Um das aktuell angezeigte Foto zu bearbeiten oder zu verändern, müssen Sie nur auf das Stiftsymbol klicken. Da Sie mit Picnik die Bildaufnahmen

In den Picnik-Bearbeitungsmodus wechseln.

drastisch verändern können, versteht sich von selbst, dass diese Bearbeitungsfunktionen nur für Ihre eigenen Bilder zur Verfügung stehen.

Suchen Sie sich ein Bild von Ihrem Fotostream, rufen Sie die Detailseite dazu auf und klicken Sie einfach mal auf das Stiftsymbol.

Nach einem kurzen und mit amüsanten Texten versehenden Ladevorgang sehen Sie das zu bearbeitende Bild im Picnik-Bearbeitungsmodus. In der unteren rechten Bildschirmecke ist eine Zoomfunktion untergebracht. Das Verschieben des Reglers verkleinert oder vergrößert das angezeigte Bild in atemberaubender Geschwindigkeit.

Zusätzlich zu der Zoomfunktion lässt sich im Picnik-Menü in der rechten oberen Ecke die Ansicht auch auf Vollbild umstellen. Der Vollbildmodus kann durch die [Esc]-Taste wieder verlassen werden.

Picnik besitzt zwei Hauptmodi: *Bearbeiten* und *Erstellen*. Mit *Bearbeiten* stehen Ihnen Standardbearbeitungsfunktionen wie beispielsweise das Zuschneiden, das Ändern der Größe oder auch Schärfeanpassungen zur Verfügung – allesamt Funktionen, die Sie für einen Feinschliff des Bildes gebrauchen können. Wollen Sie radikalere Änderungen am Bild vornehmen, beispielsweise Text hinzufügen oder Kunstfilter anwenden, müssen Sie in den *Erstellen*-Modus schalten. Insbesondere beim Verwenden der Kunstfilter im *Erstellen*-Modus ist teilweise eine kostenpflichtige Picnik-Mitgliedschaft erforderlich.

Fangen wir aber erst einmal mit den gängigen Bearbeitungsfunktionen an.

Picnik-Modus mit geladenem Flickr-Bild.

Bilder drehen und gerade richten

Steht ein Bild einmal auf dem Kopf und muss gedreht werden, können Sie dies eigentlich auch mit der *Drehen*-Funktion in der Werkzeugleiste einer jeden Bildansicht in Flickr bewerkstelligen und müssen nicht extra Picnik aufrufen. Anders sieht es aber aus, wenn die Horizontlinie ganz und gar nicht horizontal verläuft.

1 Um dies zu ändern, klicken Sie auf *Drehen* und schieben den Schieberegler neben *Geraderichten* bis zu der Position, an der sich die Horizontlinie oder eine markante Linie in Ihrem Bild an dem eingeblendeten Gitter ausrichten soll. Alternativ können Sie übrigens auch eine Linie mit der Maus entlang einer Kante zeichnen, die gerade sein sollte.

2 Falls Ihr Bild spiegelverkehrt ist, können Sie es mit den beiden *Spiegeln*-Funktionen (*Horizontal spiegeln* oder *Vertikal spiegeln*) in den gewünschten Zustand versetzen. Sie sind mit Ihren Änderungen zufrieden, klicken Sie auf *OK*.

3 Falls nicht, klicken Sie entweder auf *Zurücksetzen*, um das Foto in den Ausgangszustand

Bild in Picnik mittels Hilfsraster begradigen.

zu versetzen, aber bei der Funktion zu bleiben, oder auf *Abbrechen*, um erneut das Picnik-Hauptmenü zu sehen.

Bilder beschneiden, skalieren und ihre Größe ändern

Oft ist es sinnvoll, ein Bild zu beschneiden, um störende Elemente an den Seiten zu entfernen und das Bild auf das Hauptmotiv zu beschränken. Die *Zuschneiden*-Funktion von Picnik bietet dafür eine komfortable Variante an.

Bedenken Sie, dass Sie Inhalte vom Bild abschneiden – also entfernen. Es empfiehlt sich, insbesondere bei dieser Funktion, ein hohes Zoomlevel einzustellen, damit Sie sehen, was und vor allen Dingen wie viel Sie abschneiden.

1 Nach der Auswahl von *Zuschneiden* können Sie mit der Maus auf dem Bild ein Rechteck aufziehen. Der Inhalt im Rechteck ist Ihr verbleibendes Bild. Die Bereiche außerhalb des Rechtecks, die ausgegraut dargestellt werden, sind die Bereiche, die bei der Auswahl von *OK* abgeschnitten werden.

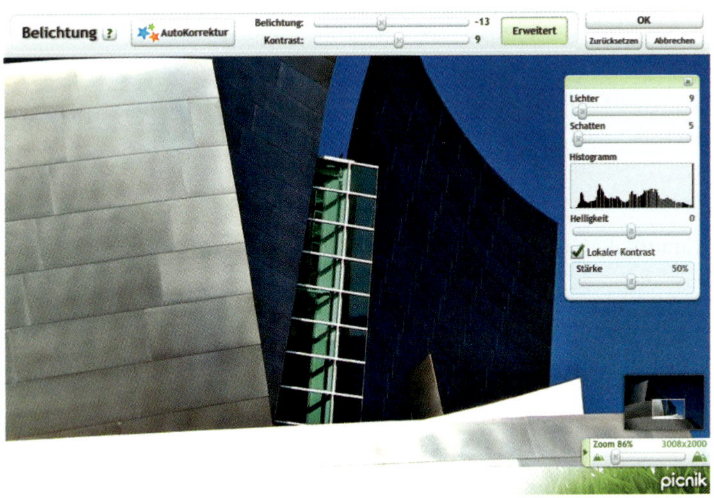

Belichtungsoptionen mit eingeblendetem Histogramm.

2 Möchten Sie eine bestimmte Größe aus dem Bild ausschneiden, können Sie entweder diese Größe in Bildpunkten im oberen Menü angeben oder eine vordefinierte Größe aus dem Ausklappmenü auswählen. Zur Auswahl stehen Standardbildschirmgrößen, aber auch Dinge wie der Goldene Schnitt und bestimmte beliebte Seitenverhältnisse. Das Ausschneiderechteck passt sich Ihren ausgewählten Werten an, und Sie können es dann immer noch mit der Maus an die gewünschte Position innerhalb des Bildes schieben.

3 Benötigen Sie einen bestimmten Bildausschnitt in einer festgelegten Größe, können Sie die Option *Skalieren* verwenden. Beim Skalieren legen Sie erst durch Ziehen des Rechtecks oder durch Eingabe der pixelgenauen Größe die Zielgröße des Bildes fest. Klicken Sie anschließend auf die Option *Skalieren* und wählen Sie dann mit der Maus den Ausschnitt aus, den Sie in der vorher festgelegten Größe darstellen wollen. Klicken Sie auf *OK*, wenn Sie bereit sind, das Bild zuzuschneiden.

4 Um die gesamte Bildgröße, also nicht nur einen Teil des Bildes, zu verändern, können Sie die Funktion *Größe ändern* verwenden. Hier haben Sie die Möglichkeit, wie bei einem Kopiergerät die gewünschte Vergrößerung oder Verkleinerung in Prozent einzugeben (beispielsweise können Sie auf 75 % verkleinern).

5 Sie können aber auch die absolute Anzahl von gewünschten Bildpunkten für die Bildbreite und Bildhöhe angeben. Mit der Funktion *Seitenverhältnis beibehalten* werden die Größenänderungen immer im Originalverhältnis durchgeführt. Ändern Sie also beispielsweise die Bildbreite, wird automatisch die Bildhöhe im gleichen Verhältnis mit berechnet. Sie vermeiden somit schiefe und in der Größe verzerrte Bilder.

Belichtung, Farben und Schärfe verbessern

Mit den Menüpunkten *Belichtung*, *Farben* und *Schärfe* lassen sich die wichtigsten qualitativen Merkmale eines Bildes verändern.

Belichtung

Dunkle oder zu helle Bilder lassen sich per *Belichtung* mithilfe eines Schiebereglers wieder in Form bringen. Da eine höhere oder niedrigere Belichtung des Bildes Auswirkungen auf den Kontrast hat, kann dieser über einen Schieberegler mit angepasst werden. Picnik selbst hat ebenfalls eine Vorstellung davon, wie eine ideale Belichtung des Bildes aussehen sollte, und bietet die Funktion *AutoKorrektur*. Klicken Sie ruhig einmal darauf. Sie werden erstaunt sein, wie Picnik das Bild verändert. Sie können die Korrektur ja immer wieder rückgängig machen oder manuell weiter verändern.

Mit einem Klick auf *Erweitert* sehen Sie, wie die dunklen und hellen Flächen des Bildes in einem Histogramm dargestellt werden. Sie können das Bild, wie auch dessen Abbildung im Histogramm, durch Verändern der Licht- und Schattenwerte anpassen. Die Funktion *Lokaler Kontrast* wirkt sich auf die Bildschärfe von Bereichen aus, die mit verschiedenfarbigen Bildpunkten besetzt sind, und erhöht dort den Kontrast, indem diese Bildpunkte heller bzw. dunkler voneinander abgesetzt werden.

Schärfe

Für die Schärferegelung gibt es einen Schieberegler, mit dem Sie die Schärfe Ihres Bildes kontrollieren können. Zusatzoptionen zur Schärferegelung wie eine Unscharfmaske gibt es nur für Premium-Benutzer des Picnik-Dienstes.

Farben

Mit den Farbfunktionen von Picnik können Sie direkten Einfluss auf die Farbsättigung des Bildes und dessen Farbtemperatur nehmen. Justieren Sie die beiden Regler, bis Ihr Bild erneut die gewünschte Farbqualität, die Sie am Aufnahmeort gesehen haben, aufweist. Picnik kann auch selbst den Zauberstab ansetzen und über die Funktion *Autom. Farbe* Bereiche im Bild mit unerwünschten Farbstichen minimieren.

Rote Augen entfernen

Wenn die lieben Tanten auf den Fotos wieder einmal wie Hexen aussehen, liegt das vielleicht am Rote-Augen-Phänomen. Dieser Effekt entsteht durch die Reflexion des Blitzes auf der roten Netzhaut des Auges. Insbesondere bei Porträtaufnahmen, auf denen die fotografierte Person direkt in das Bild schaut und die Kamera keine spezielle Blitzmethode verwendet, ist dieser Effekt gravierend.

Mit der Funktion *Rote Augen* lässt sich dieser Makel schnell beheben. Da für Mensch und Tier andere Berechnungsfunktionen angewendet werden, sollten Sie sicherstellen, die entsprechende Option am linken Bildschirmrand aktiviert zu haben. Anschließend klicken Sie einfach mit der Maus in das Zentrum der roten Augen, und Picnik entfernt den Rotstich.

Einblick in die Statistik

Jeder Flickr-Benutzer kann in jeder Fotoansicht sehen, wie oft ein bestimmtes Bild von anderen Benutzern aufgerufen wurde. Die eigenen Aufrufe zählen dabei natürlich nicht. Falls Sie keine Pro-Mitgliedschaft besitzen, ist dies die einzige Möglichkeit, zu sehen, wie populär Ihre Bilder sind.

Mitglieder mit einem Pro-Account haben wesentlich mehr Einblick in die Aufrufstatistiken ihrer Bilder und Videos und können im Hauptmenü unter *Sie/Ihre Statistiken* eine entsprechende Seite aufrufen.

Anzahl der Aufrufe

	So viel für heute	Gestern	Insgesamt
Fotos und Videos	3	75	26.015
Fotostream	0	21	8.293
Alben	0	2	2.215
Sammlungen	0	0	7
	3	**98**	**36.530**

Die Statistiken offenbaren, wie viele Benutzer Ihre Fotos und Videos angesehen haben.

Diese Seite zeigt am oberen Rand die Summe der Aufrufe aller Ihrer Bilder in einer grafischen Darstellung ungefähr des letzten Monats. Jeder Tag ist als kleiner Punkt dargestellt. Mit der Maus können Sie über diesen Punkt fahren und sehen, wie viele Aufrufe Ihre Bilder insgesamt an diesem Tag erhalten haben, wie viele Ihrer Inhalte von anderen Benutzern als Favoriten gespeichert und wie viele Kommentare zu Ihren Bildern oder Videos abgegeben wurden.

Es ist hervorzuheben, dass diese Informationen Ihnen sozusagen in Echtzeit dargestellt werden, da Sie nicht nur die Daten von gestern sehen, sondern auch die vom aktuellen Tag. Für den aktuellen und somit noch nicht abgeschlossenen Tag wird die Verlaufslinie gestrichelt dargestellt, da ja immer noch Daten gezählt werden.

Unterhalb der grafischen Anzeige sehen Sie eine Tabelle, in der die oben dargestellten Daten etwas näher aufgeschlüsselt werden. So sehen Sie detaillierter, ob die Aufrufe einzelnen Fotos galten oder Ihrem Fotostream im Allgemeinen und wie viele andere Besucher sich Ihre Alben oder Sammlungen angesehen haben. Weiterhin werden die Daten nicht nur pro Tag, sondern auch für die aktuelle wie auch für die vergangene Woche sowie als Gesamtsumme angezeigt.

Als Nächstes erfolgt eine Aufstellung Ihrer tatsächlich populärsten Fotos und Videos insgesamt (also seitdem die Bilder von Ihnen hochgeladen wurden) sowie des vergangenen Tages. Neben einer verkleinerten Darstellung des Bildes, des Titels und der Zahl der Aufrufe sehen Sie auch die Anzahl abgegebener Kommentare und wie oft ein Bild oder Video als Favorit von jemand anderem abgespeichert wurde.

Die nächsten beiden Abschnitte auf der Statistikseite sind äußerst interessant:

Unter *Referrer* sehen Sie, von wo die Besucher kommen, die sich Ihre Bilder oder Videos angesehen haben. Dies bedeutet nicht, dass Sie jetzt die Stadt oder das Land der Benutzer sehen, aber Ihnen werden die Webadressen angezeigt, von denen auf Ihr Foto oder Ihr Video verlinkt wurde. Vor allem wenn Sie einen Sprung in der oberen Grafik sehen, lohnt es sich, einen Blick in den Referrer zu werfen, da möglicherweise jemand einen Link auf Ihre Bilder gesetzt hat.

Der *Referrer*-Bereich bietet Ihnen eine allgemeine Übersicht, die Ihnen zeigt, wie viel Aufrufe insgesamt und prozentual von Suchmaschinen, von Flickr direkt oder von anderen Webseiten kommen. Die Topliste der eigentlichen Webadressen folgt dann direkt darunter.

Der letzte Bereich der Statistikseite hat weniger etwas mit anderen Besuchern zu tun, hilft Ihnen aber, einen guten Überblick darüber zu bekommen, wie gut Ihre Fotos in Alben sortiert, mit Tags versehen oder Geo-referenziert sind. Sie sehen auf einen Blick die Anzahl der Fotos und Videos, die öffentlich sichtbar bzw. nur einem eingeschränkten Benutzerkreis zugänglich sind.

Insbesondere wenn Sie planen, alle Ihre Fotos oder Videos mit Tags oder mit einer Ortsinformation zu versehen, können Sie einfach auf das jeweilige Aufschlüsselungskriterium klicken (beispielsweise *Ohne Geotag*) und sehen dann auch tatsächlich eine Auflistung aller Fotos, die noch keine Ortsinformation besitzen. Diese Fotos können Sie dann aufrufen und die fehlende Information hinzufügen.

Vor dem Kauf einer neuen Kamera

Flickr ist ein Paradies und Tummelplatz für Fotografen und Fotoliebhaber. Und wen könnte man besser fragen, wenn man den Kauf einer Kamera plant oder wissen möchte, wie gut eine Kamera ist und welche Fotos man mit ihr aufnehmen kann?

Die beliebtesten Kameras in der Flickr-Community

Der Kamerasuche, die Sie im Hauptmenü unter *Entdecken/Kamerasuche* oder unter der Adresse *http://flickr.com/cameras/* finden, gibt Ihnen zahlreiche Informationen darüber, welche Kameras gerade sehr beliebt sind und von Flickr-Benut-

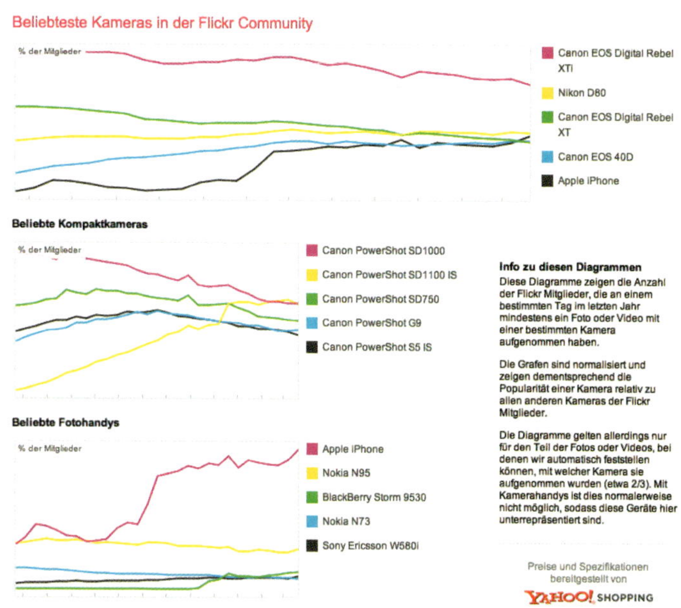

Welche Kamera ist top, welche ein Flop?

zern verwendet werden, sowie viele Informationen und Beispielbilder zu einzelnen Kameras.

Bei etwa zwei Dritteln aller Kameras können in den EXIF-Informationen eines Bildes der Hersteller und der Typ der Kamera ausgelesen werden. Anhand dieser Daten erstellt Flickr Statistiken zu den beliebtesten Kameras und den beliebtesten Kamerahandys.

Die bunten Linien in den Diagrammen zeigen die beliebtesten Kameras, und Veränderungen in den Linien verdeutlichen, ob die Popularität einer Kamera im Vergleich zu den anderen Kameras zu- oder abnimmt.

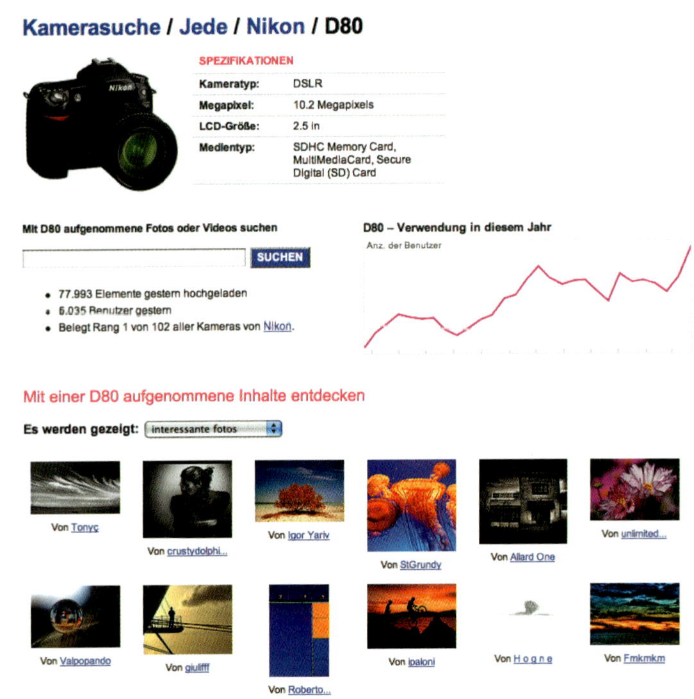

Detailseite zu einer Kamera mit Beispielbildern.

Um nähere Information zu einer bestimmten Kamera zu bekommen, können Sie entweder den Namen eines Modells direkt anklicken oder über das Auswahlmenü in der Mitte der Seite erst den Hersteller (die Marke) und anschließend das Modell auswählen. Zur Detailansicht einer Kamera gelangen Sie auch, wenn Sie in den EXIF-Informationen auf einer Fotoseite auf den Kameranamen klicken.

Die Detailansicht einer Kamera zeigt Ihnen in der Regel ein Bild von der Kamera selbst sowie den Kameratyp (DSLR/digitale Spiegelreflexkamera, Kompaktkamera, Fotohandy), die Anzahl der unterstützten Megapixel und den unterstützten Medientyp – also meist das Format der Speicherkarte. Ein Diagramm gibt Ihnen Aufschluss über die Benutzung einer Kamera über das letzte Jahr. Sie sehen anhand des Diagramms deutlich, ob sich die Kamera weiterhin hoher Beliebtheit erfreut oder ob die Benutzung bereits auf dem absteigenden Ast ist.

Da Bilder mehr als Tausend Worte sagen, zeigt Flickr eine enorme Anzahl an Bildern, die mit dieser bestimmten Kamera aufgenommen wurden. Standardmäßig werden Bilder mit hoher Popularität angezeigt, die sehr wahrscheinlich von sehr ambitionierten Fotografen, wenn nicht professionellen Fotografen stammen. Das kleine Auswahlmenü oberhalb der Beispielbilder erlaubt Ihnen sogar, eine bestimmte Art von Beispielbildern auszuwählen. Falls Sie wissen möchten, ob Ihre Kamera (oder die Kamera Ihrer Begierde) für Nachtaufnahmen taugt, können Sie aus dem Menü den Punkt *Nachtaufnahmen* auswählen. Weitere Auswahlmöglichkeiten sind *Porträtaufnahmen*, *Makroaufnahmen*, *Actionaufnahmen* und *Landschaftsaufnahmen*.

Flickr auf dem Mobiltelefon nutzen

Die Flickr-Webseite gibt es in zwei verschiedenen Variationen auch für Mobiltelefone. Beide Versionen sind unter der Adresse *m.flickr.com* erreichbar, und Flickr wählt je nach Mobiltelefon die passende Variante aus.

m.flickr.com – die einfache Variante

Auf den meisten Mobiltelefonen wird derzeit wohl noch die einfache mobile Seite angezeigt, da die meisten Telefonbrowser die sogenannte AJAX-Technologie noch nicht unterstützen.

Nachdem Sie *m.flickr.com* aufgerufen haben, können Sie sich wieder einmal mit Ihrer Yahoo!-ID anmelden. Die mobile Flickr-Hauptseite beinhaltet direkte Links zu den letzten Aktivitäten auf Ihren Fotos (beispielsweise wenn Fotos von Ihnen Kommentare erhalten haben und als Favoriten hinzugefügt wurden), zu den Fotos Ihrer Kontakte, zu Ihren Kontakten, Ihrem Fotostream und zu einem simplen Uploader, mit dem Sie Fotos direkt vom Telefon zu Flickr laden können.

Je nach Telefon und je nach Browser haben Sie eventuell nur eingeschränkten Zugriff auf das Dateisystem und damit auch auf die Bilder in Ihrem Handy. Falls dies der Fall ist, können Sie immer noch Bilder per E-Mail hochladen oder ein anderes Programm zum Hochladen verwenden.

Zwar können Sie mit der mobilen Seite alle wichtigen Basisfunktionen von Flickr benutzen und somit Bilder ansehen, Fotostreams Ihrer Kontakte sehen, Kommentare lesen und hinzufügen sowie Bilder suchen; andere Funktionen wie Bilder in Gruppen posten oder Bilder bloggen und bearbeiten funktioniert von der mobilen Seite aus nicht.

Mobiles Internet und Kosten

Hat es bis vor Kurzem noch ein kleines Vermögen gekostet, das mobile Internet auf einem Handy in Deutschland zu nutzen, so gibt es mittlerweile von den verschiedenen Netzanbietern sogar recht kostengünstige Flatrates (mit denen Sie so viel mobil surfen können, wie Sie wollen) oder zumindest preiswerte Datenpakete.

Prüfen Sie bei Ihrem Netzanbieter vorab, ob Sie einen entsprechenden Datentarif gebucht haben, da auch heute noch der Ausflug in die unterhaltsame Welt des mobilen Webs ohne Datentarif ein teures Unternehmen werden könnte. Das reine Surfen auf den mobilen Flickr-Seiten benötigt nur wenige KByte pro Seite – das Hochladen eines Bildes –, kann allerdings schon einige MByte an Datenverkehr verursachen (insbesondere wenn Ihr Mobiltelefon eine gute Kamera mit vielen Megapixeln hat).

Informieren Sie sich ebenfalls bei Ihrem Netzanbieter, wenn Sie ins Ausland reisen und von dort mobile Internetdienste verwenden wollen. Ein Datentarif oder gar eine Daten-Flatrate gilt üblicherweise nicht im Ausland. Datenverbindungen im Ausland können für böse Überraschungen bei der Telefonrechnung sorgen.

Wenn Sie ein Mobil-Junkie sind, werden Sie die Seite sicherlich meistens besuchen, um zu sehen, ob jemand einen Kommentar zu Ihren Bildern oder Videos hinterlassen hat oder welche neuen Inhalte Ihrer Kontakte auf Flickr gestellt haben. Dafür wurde die Seite optimiert, mit wenig Schnickschnack versehen, und sie lässt sich sehr einfach bedienen.

Flickr auf iPhone und iPod touch

Besitzt Ihr Mobiltelefon einen sehr guten Browser, der auch Webseiten mit AJAX-Techno-

Fast wie auf einem richtigen PC präsentiert sich Flickr auf einem iPhone.

logie darstellen kann, haben Sie eine gute Chance, die iPhone-Variante der mobilen Flickr-Seite angezeigt zu bekommen. Wie der Name schon sagt, erhalten Sie die Version auf jeden Fall auf einem Apple iPhone oder mit einem iPod touch.

Während die Benutzeroberfläche in der einfachen Version wenig mit der Flickr-Seite zu tun hat, erhalten Sie mit der iPhone-Variante schon viel mehr Flickr-Feeling. Insbesondere auf der Detailseite eines Fotos sehen Sie, wie bei der Flickr-Seite auf dem PC, das vorherige und das nächste Bild neben dem eigentlichen Foto sowie alle Aktivitäten unterhalb des Bildes. Auch die Liste der letzten Aktivitäten ist übersichtlicher gestaltet und enthält mehr Informationen als in der einfachen Variante.

Neben der besseren Benutzeroberfläche kann die iPhone-Variante nicht nur Bilder, sondern auch Videos anzeigen. Die Bedienung funktioniert ähnlich wie beim PC: Bei einem Video wird der *Play*-Button auf dem Bild angezeigt, und Sie müssen nur noch mit dem Finger auf den Button tippen. In den meisten Fällen wird das Video nicht im Browser, sondern im telefoneigenen Videoplayer abgespielt.

Flickr auf dem Blackberry

Falls Sie ein Blackberry-Gerät Ihr Eigen nennen, können Sie sehr wahrscheinlich die Flickr-Anwendung für Blackberry-Telefone herunterladen und nutzen. Das Programm ist weniger dazu da, Ihre auf Flickr hochgestellten Fotos und die Ihrer Freunde zu betrachten, als vielmehr dazu, aufgenommene Bilder direkt vom Blackberry aus zu Flickr zu übertragen. Da mittlerweile die meisten Blackberry-Geräte mit einem GPS-Chip ausgestattet sind und somit wissen, wo Sie sich befinden, können Ihre Fotos auch gleich mit einer Geo-Referenzierung versehen werden.

Das Programm können Sie sich kostenlos von Yahoo! auf Ihren Blackberry herunterladen. Gehen Sie einfach mit Ihrem Blackberry-Browser auf *http://m.yahoo.com* oder senden Sie sich eine SMS mit einem Download-Link vom PC aus unter *http://mobile.yahoo.com*.

Index